Kalte Kuche

S

PETER ALTENBERG
WIENER NACHTLEBEN

Herausgegeben
von Burkhard Spinnen

Schöffling & Co.

Erste Auflage 2001

Satz: Reinhard Amann, Aichstetten
Druck & Einband: Pustet, Regensburg
Auf den Vorsätzen:
Caféhausgarten bei Nacht, Wien 1902
Album Verlag, Wien
ISBN 3-89561-576-5

Nachtcafé, du kleine miserable Welt,
du Abbild der großen, noch viel miserableren!

Peter Altenberg

INHALT

ÜBER DAS »DRAHN«

Sein Wesen und seine *wirkliche* Bedeutung im Lichte – – – der Drahrer!

Die meisten verstehen den *Sinn* dessen, was sie aus Ungezogenheit und Stupidität tun, *nicht.* Der Drahrer *draht* stupid. Das heißt, er opfert die Nachtruhe, Zeit, Geld, und noch etwas *anderes*, um zu *drahn*, d. h. um in einem marmorgetäfelten gut erleuchteten Raume mit Klavierbegleitung Barmädeln den Hof zu machen und gesehen zu werden von denen, die *nicht genug* Geld haben, um den Mädeln den Hof zu machen. Denn Hof kostet eine Unmenge »Drinks«, Zigaretten, *Trinkgeld* für die *gestohlene, geraubte* Zeit, für *Langweile* der unglücklichen Schönen, die *zu allem* nett lächeln *müssen* oder jedenfalls nicht *allzu beleidigt* sein dürfen, wenn *er* doch zu witzig und *»fesch«* werden sollte infolge des Alkohols!

Nein, drahn ist eine *Regenerationskur*, ein momentanes, wenn auch stundenlanges *Ausspannen* aus allem, was dich den Tag über bedrängt, gekränkt, geknebelt, gedemütigt hatte! *Siehe*, du wirst ein *freier Mann!* Kein Vorgesetzter, keine Verpflichtung, keine Familie, keine Frau, kein Kind, kein Gläubiger! Du bist dein eigener Herr, und, falls du generös bist, sogar beliebt und gern gesehen! Draußen freilich auf der dunklen Gasse, überfällt dich wieder *deine eigene Nichtigkeit!* Aber willst du ihr denn *endgültig* entrinnen?! Sei froh und dankbar, daß du auf sie *vergessen* durftest, *konntest*, von 1–4!

KÜNSTLERFEST

Ich saß mit fünf Frauen an einem reservierten Tische des großen Künstlerfestes im Künstlerhause. Sie hatten erlesene Kostüme an und sahen aus wie aus besseren und geheimnisvollen Welten. Die eine hatte ein rosenrotes Krinolinenkostüm an, eine herzige Frisur mit tiefem Scheitel und je drei an den Ohren herabhängenden gedrehten Locken. Sie hatte einen Blick von grundlos klagenden Augen und eine reizende Stumpfnase. Die zweite hatte ein grünes Krinolinenkleid an und suchende Augen eines Kindes, das seine Bonne im Gedränge verloren hat. Die dritte hatte ein Kleid aus China, in weißer gestickter Seide, einen Elfenbeinteint und Augen, die es bereits aufgegeben hatten, die Rätsel des Lebens zu ergründen. Die vierte war ganz in schwarzem Samt erschienen, mit der korallenroten Blume »Scherzeriana« im schwarzen Lockenhaare. Ihre Augen sagten: »Wenn ihr wüßtet, was ich weiß – – –.« Aber sie wußten es alle, daß das Leben kein Kinderspiel sei, sondern eine Sache für ganz gewappnete Menschen. Die fünfte war ganz in Grün gekleidet, vom Hals bis zu den Füßen. Sie hatte aschblonde offene Haare und ihre hechtgrauen Augen stellten die »Melancholie« dar an und für sich, die hundert Gründe hat und dennoch keinen einzigen, ein Irrsinn der Seele und eine Wahrheit des Geistes, daß wir noch allzu ferne sind vom Ideal! Und daß wir vergebens kämpfen werden – – –.

Diese fünf Damen ließen die Festesfreude und den Lärm der Lust an sich vorüberbrausen, waren wie ein mysteriöses Eiland, an dem die Wogen der Lebensfreude brandend Halt machten und zerrannen. Alle fünf hatten die seltene Kraft, überall nur sie selbst zu sein, und mit der frohen allzu leichten lächelnden Stunde aufzubegehren in innerer Geschlossenheit! Manche Männer kamen, den Ton zu bringen, zu erzwingen, festlicher Freudigkeit, allgemein menschlichen Versinkens im Taumel des amüsanten Augenblickes – – – vergebens. Die fünf Damen saßen da und blickten auf das Getriebe und wunderten sich. Nein, sie wunderten sich nur über sich selber, daß sie so früh gelernt hatten, sie selbst zu bleiben im mutwilligen Leichtsinn, der betäuben hilft!

Mancher dachte: »Schade um diese merkwürdigen und wunderbar kostümierten Frauen – – –. Sie fügen sich nicht ein in das Getriebe.«

Nein, das taten sie nicht. Sie dachten milde: »Schwestern, o glückliche kostümierte Schwestern, die ihr für Stunden vergessen, verlöschen könnet aus eurem Leben, aus eurem Gedächtnisse, was wir Ungeschickten nicht selbst für kurze Stunden zusammenbringen, es auszulöschen in uns – – –.«

Als wir das Fest verließen, sagte jemand unter uns: »Nun, unsere Damen haben nicht viel von diesem Feste gehabt – – –.« Ich erwiderte entgegnend: »Wie wenn Erwachsene nichts hätten von Kindern auf einem Kinderballe?!?«

»Das verstehen wir nicht«, sagten die Herren pikiert, »Frauen haben lustig zu sein auf einem Kostümball und basta!«

ERLEBNIS

Ich erzähle eine Geschichte aus meinem Leben. Sie hat vielleicht nur Interesse, weil sie wahr ist. Aber das ist sie wenigstens buchstäblich.

Es war vor ungefähr 15 Jahren und ich hatte damals weder etwas veröffentlicht, noch je etwas geschrieben. Da sagte mir ein liebes gutmütiges Mädchen in einem Geschäft: »Herr Doktor (irgend einen Titel mußte man mir doch geben), Herr Doktor, meine jüngere Schwester, das ›Sanfterl‹, wie wir sie alle nennen wegen ihrer Sanftmut, möcht' nur einmal im Jahr auf einen Ball geführt werden, nur zum Zuschauen. No, und weil sie diese noblen Grabenfiaker den ganzen Tag von ihrem G'schäft aus sieht, wo sie bedienstet ist, bildet sie sich halt den Fiakerball in der Gartenbaugesellschaft ein, das Dummerl. Ich vertrau' das Mäderl aber nur einem einzigen Menschen an, das sind Sie!«

Und so ging ich mit Elise auf den Fiakerball. Sie langweilte sich in meiner Gesellschaft entsetzlich, während ich ihre unbeschreibliche Schönheit stumm bewunderte. Plötzlich kam ein Fiaker und steckte ihr einen Zettel zu. Wie der Blitz verschwand dieser in ihren Händchen. Nach einer Viertelstunde mußte sie »irgendwohin« gehen, wohin ich nicht mitdurfte. Sie kam nicht mehr zurück. Ich suchte sie und fand sie nicht. Da fragte ich einen Bediensteten, ob es noch einen Raum gebe. Ja, im Souterrain säßen die Kavaliere, die Stammgäste der Herren Fiaker. Ich stürzte hinunter. Da saß an einem Tische mitten unter zehn Kavalieren Elise und trank Champagner. Bei mir hatte sie nur ein kleines Eis und zwei Wafferln bekommen. Mit einem Sperberblick ersah ich jenen Kavalier, der noch am nüchternsten war, stürzte auf ihn zu und flüsterte ihm ins Ohr: »*Im Namen der Menschlichkeit*, auf ein Wort!« Er erhob sich sofort, ging mit mir in eine Ecke. Ich sagte: »Dieses Mädchen wurde mir von ihrer älteren Schwester für die heutige Ballnacht anvertraut. Wenn sie betrunken sein wird, wird sie verloren sein! Das wissen Sie so gut wie ich! Adieu – – –.«

Ich ging hinauf, an meinen Tisch zurück. Fünf Minuten später war Elise bei mir. Sie saß da, bleich, verdrossen. Dann sagte sie: »Sie haben mir da eine schöne Sache angerichtet. So eine Blamage! Mit Ihnen geh' ich auch nicht mehr auf einen Ball.« Ich erwiderte: »Ich habe Sie zu beschützen, Elise, bis Sonnenaufgang, 5 Uhr früh, und bis das Haustor sich hinter Ihnen geschlossen haben wird!!! Von da an sind Sie frei.«

»Ah, gehen S' mit Ihnere faden Reden, da werd' ich aber wirklich gleich wild werden, wissen S', was die Kavaliere g'sagt haben?!? ›Gehen S' nur g'schwind hinauf, mit an solchen Narren, der auf an Ball mitten in der Nacht sagt: ›Im Namen der Menschlichkeit!‹, mit dem is nicht ganz richtig‹ –.«

Ich fuhr mit ihr nach Hause. Am nächsten Tage sagte ihre Schwester zu mir: »No, wie hat sich das ›Sanfterl‹ benommen?!?«

»Ihrem Kosenamen entsprechend«, erwiderte ich.

REPORTER UND DICHTER

Reporter.
»Einen besonderen Anziehungspunkt der gestrigen Vorstellung des – bildete die Hof-Loge, in welcher die 7 liebreizenden Töchterchen des – – sich befanden und mit regem Verständnisse den Vorgängen auf der Bühne folgten und sich ausgezeichnet zu unterhalten schienen. Das Publikum – – –.«

Dichter.
Hof-Loge. Les sept princesses in hellblau, Sührah. Sechs waren aber gar keine Prinzessinnen. Panoptikum-Prinzessinnen. Sie plauderten intim und lauschten »mit gespannter Aufmerksamkeit und regem Verständnisse den Vorgängen auf der Bühne«.

Die siebente sass in der äussersten linken Ecke.

Offene braune Haare hatte sie. Nichts sprach sie.

Selten blickte sie auf die Bühne. Wohin blickte sie denn?! Niemand könnte es bestimmen. Sie war vielleicht 12, 13, 14 Jahre alt. Oder 11 oder sogar schon 15.

Sie sass da, aus einer anderen Welt, in einer anderen Welt, für eine andere Welt – – –.

»Kaiserliche Hoheit, nun, nicht prächtig?! Das Alles hat *ein* Mensch gemacht – – – Je m'en doutai que ce serait quelque chose pour notre petite princesse.«

Das kleine Mädchen fühlte: »He, ich möchte Etwas schauen, was ein *Gott* gemacht hätte. Diese Cartonnage-Waare?! Wie unsere Puppen-Zimmer. Etwas müsste es geben, was ausserhalb der Welt läge, die allen zur Verfügung steht, diesem Publikum und mademoiselle. Wie eine Puppe, die wirklich Milch trinken könnte und denken!«

»Kaiserliche Hoheit, diese Johannes von Leyden nämlich ist eine wirkliche Persönlichkeit der Historie – – –«

»Kaiserliche Hoheit, jetzt kommt der berühmte Krönungsmarsch. Fräulein von S. wird Ihnen denselben morgen am Klavier vorspielen – – –«

Die Prinzessin sass da, mit dem geschlossenen Herzen des Kindes Julia, des Kindes Leonore, des Kindes Iphigénia, welches sich nie öffnen wird in dieser kaiserlichen Höhen-Luft, jetzt aber unstatthafte Entwicklungs-Möglichkeiten in sich trug wie die Keimblättchen von Yggdrasil, der Welten-Esche!

Der Saal war für sie nur eine dunkle goldigrothe Ausbuchtung, die Bühne ein Gemengsel von offenen Mäulern, Trachten und gemalten Bäumen, die Musik ein windähnliches Durcheinander-Rauschen wie am Morgen vor den Fenstern im Park-Walde.

Hehre! Wärest Du ein kleines Mäderl wie die Anderen, Du würdest »mit gespannter Aufmerksamkeit und regem Verständnisse« dasitzen und Alles verstehen und begreifen, denn Du würdest in Demuth versuchen, auf die armseligen Darbietungen des Alltages und des Kunst-Lebens einzugehen! Wie ein gedrücktes Menschenkind, das Grenzen ahnt und sich bescheidet.

Du aber bist kaiserlich!

Aus einer anderen Welt, in einer anderen Welt, für eine andere Welt bist Du!

Ohne Concessionen möchtest du *sein!*

Dich sollte man führen in die Opern des Kaisers Wagner! Zu seinen kaiserlichen Enuntiationen: »Tetralogie« und »Tristan«.

Ein Kind?! Jawohl, ein Kind!

Da würdest Du fühlen: »O schrecklich ist es, grässlich räthselvoll und voller Wirrniss. Aber meine Welt ist es. Wieso, verstehe ich nicht. Wie wenn diese wahnsinnig leidenden Instrumente, diese zur Zerstörung blasenden Trompeten, diese grenzenlosen Wirbel der Pauken alle Lektionen in Englisch und Ungarisch hinwegschwemmen würden und die Geographie und die Gobelin-Säle und die Damen, welche mich betreuen, und die Thürsteher und die Glas-Service. Wie ein Sturm, welcher Tischtücher hinwegraffte, während man speiste. Wie wenn diese dunklen sanften Oboën uns gemahnen würden in milder Weise, die unerbittlichen Violinen hingegen nicht nachgeben würden, um uns zum Letzten zu geleiten!«

So würdest Du empfinden, Kaiserliche, beim Kaiser Wagner! In deinem sanften Antlitz liegen die Züge des Kindes Julia, des Kindes Leonore und des Kindes Iphigénia – –. Aber diese Cartonnage-Waare?!

Und der Prophet, der Mann aus der wirklichen Historie, welchen man morgen am Klavier wieder hören würde, erkannte seine Mutter an und die Säulen begruben Alle.

– –

»Kaiserliche Hoheit könnten mir für die morgige Stunde einen kleinen Aufsatz schreiben: »Mein erster Besuch im Opern-Hause mit meinen Schwestern.«

Die Prinzessin begann: »Ein geräumiger Saal – – Unsere Loge – – Als der Vorhang aufging, erblickte man – – Wir Alle amüsirten uns sehr gut – –«

Sie war ein ganz gewöhnliches »kleines Mäderl« geworden!

Und die Gouvernante sagte: »Von allen sieben Aufsätzen ist der von Prinzessin – – der schlechteste. Kein Schwung. Keine Begeisterung. Kein Verständnis. Man sollte wirklich meinen, kaiserliche Hoheit – –«

Nein, sie war *doch* eine *Prinzessin* geblieben!

NACH DEM BALLE

(Eine Mama an dem Bette ihres vom ersten Balle ermüdet eingeschlafenen Töchterchens. Die Balltoilette liegt herum ungeordnet.)

»Ihr erster Ball. Auch ich hatte einst einen solchen. Damals liebte ich fanatisch meine französische Gouvernante, Mademoiselle Riclée, meinen Kanarienvogel (Tappage), und den ernsten Hofmeister meiner Herren Brüder, namens Königshofer. Ich lebte in einer Traumwelt. Es war einfach im Leben die Fortsetzung der Lektüre meiner Kinderbücher. Aber als ich auf meinen ersten Ball kam, brach das ernste poesielose Leben über mich herein und begrub mich unter seiner realen Last. Momentan. Mein Ballkleid bereits machte mich eitel, und ich begann zum ersten Male zu glauben, daß *ich* liebenswert sei. Bis dahin hatte ich es geglaubt, daß ich zum *»Lieben«* geschaffen sei; nun aber kam ich sogleich zu der falschen und irrtümlichen Auffassung, daß ich zum *»Geliebtwerden«* geeignet sei! *Damit* begann eigentlich *alles Unglück.* Wir können es nicht erklären, aber es ist so! So lange wir den Wald und seine Bäume lieben, ist alles in Ordnung. Sobald wir aber erwarten, daß er und seine Bäume *uns* liebhaben, wird alles traurig und gefälscht. Denn er hat *uns* jedesfalls nie so annähernd *lieb* als *wir ihn!* Auf meinem ersten Balle entstanden *Eifersucht, Neid* und *Sinnlichkeit. Es lag das Gift in der Luft.* Man atmete es ein wie ein Betäu bungsmittel, um nicht mehr *wahrhaftig* und *träumerisch* zu bleiben wie bisher!

Ein junger Herr drückte mich beim Tanzen an sich; ein anderer gab mir alle seine Kotillonbouquets; einer nippte aus meinem Glase, aus dem ich getrunken hatte; einer blickte mich an in zehrender Melancholie; einer preßte meine Hand rasch und flüchtig; einer brachte mir Limonade; einer sagte nichts und tat gar nichts, sondern stand die ganze Nacht in meiner Nähe; einer stellte sich übertrieben lustig; und einer half mir in die Schneeschuhe hinein wie ein demütiger Sklave. Diese *eine* Nacht hat mich *ruiniert* und *aufgeklärt*. Ich hielt mich für *wertvoll!* Ich geriet in den Schwindel und in die Verlogenheit der Welt! Ich verlor meine *edle Kindheit* auf Nimmerwiedersehen, in dieser *einen ersten Ballnacht!*« (Lange Pause.) – – –

»Geliebtestes Geschöpf, mein vergöttertes Töchterchen, wenn ich dich jetzt, nach deinem ersten Balle erwürgte, leistete ich dir vielleicht den *allerbesten* Dienst!«

(Sie richtet sich auf, beugt sich über die Schlafende.)

(Das Mädchen erwacht, richtet sich auf dem Kopfpolster auf, sagt schlaftrunken): »Herr Baron, wenn Sie so mit mir tanzen, *verliere* ich ja die Besinnung, und das darf ich doch nicht; haben Sie Erbarmen.« – – –

Die Mutter steht entsetzt da – – –.

Dann setzt sie sich in einen Fauteuil, verbirgt den Kopf in die Hände, weint bitterlich – – –.

Der Vorhang fällt.

THEATER-ABEND

Sie konnte den Pudel nicht mit in das Theater nehmen. So blieb der Pudel bei mir im Café und wir erwarteten die Herrin.

Er setzte sich so, dass er die Eingangsthüre im Auge behalten konnte und ich hielt es für sehr zweckmässig, wenn auch ein wenig übertrieben, denn, bitte, es war $^1/_2$ 8 Uhr und wir hatten bis $^1/_4$ 12 Uhr zu warten.

Wir sassen da und warteten.

Jeder vorüberrauschende Wagen erweckte in ihm Hoffnungen und ich sagte jedesmal zu ihm: »Es ist nicht möglich, sie kann es noch nicht sein, bedenke doch, es ist nicht möglich!«

Manchesmal sagte ich zu ihm: »Unsere schöne gute Herrin – – –!«

Er war direct krank vor Sehnsucht, wandte den Kopf nach mir um:

»Kommt sie oder kommt sie nicht?!«

»Sie kommt, sie kommt – – –«, erwiderte ich.

Einmal gab er den Posten auf, kam zu mir heran, legte seine Pfoten auf meine Kniee und ich küsste ihn.

Wie wenn er zu mir sagte: »Sage mir doch die Wahrheit, ich kann alles hören!«

Um 10 Uhr begann er zu jammern.

Da sagte ich zu ihm: »Ja, glaubst du, mein Lieber, dass mir nicht bange ist?! Man muss sich beherrschen!«

Er hielt aber nichts auf Beherrschung und jammerte.

Dann begann er leise zu weinen.

»Kommt sie oder kommt sie nicht?!«

»Sie kommt, sie kommt – – –.«

Er legte sich nun ganz platt auf den Boden hin und ich sass ziemlich zusammengebückt auf meinem Sessel.

Er jammerte nicht mehr, blickte zur Eingangsthüre, während ich vor mich hinsah.

Es war 1/4 12.

Da kam sie. Mit ihren süssen sanften gleitenden Schritten kam sie, ganz ruhig und gelassen, begrüsste uns in ihrer milden Art.

Der Pudel jauchzte, sang und sprang.

Ich aber nahm ihr den seidenen Mantel ab und hängte ihn an den Haken.

Dann setzten wir uns.

»War Euch bange?!« sagte sie.

Wie wenn man sagte: »Wie befinden Sie sich, mein Bester?!« Oder: »Ihr ergebener N.N.!«

Dann sagte sie: »O, im Theater war es wunderbar – – –!«

Ich aber fühlte: Sehnsucht, Sehnsucht, die du aus den Herzen der Menschen und der Thiere strömst und strömst und strömst, wohin begiebst du dich denn?! Verflüchtigst dich vielleicht ins Weltall wie Wasser in Wolken?! Wie die Luft von Wasserdunst erfüllt ist, muss die Welt von Sehnsuchten erfüllt und schwer sein, die kamen und keine Seele fanden, die sie aufnahm! Was geschieht mit dir, Bestes, Zartestes im Leben, Sehnsucht, wenn du nicht auf Seelen triffst, die dich in sich einsaugen, gierig, dich verwerten zu eigener Kraft?!?

Sehnsucht, Sehnsucht, die du von Mensch und Thier ausströmst in die Welt, ausströmst, ausströmst, wohin begiebst du dich denn?!?

MOULIN ROUGE, »VENEDIG IN WIEN«

Lieber Baron!

Ich verdanke Ihnen eine reizende friedvolle »Drahnacht« mit zwei ausgezeichneten vornehmen, überaus menschlich feinen Amerikanerinnen, Tänzerinnen. Sie haben mir in selbstlosester Art die ganze »Regie des Abends« überlassen, und ich hoffe, daß es Sie nicht mehr gekostet hat, als das Vergnügen Ihnen wert war. Besonders die Fahrt des Morgens in den Donauauen war märchenhaft! Die Damen waren unbedingt zufrieden in unserer Gesellschaft, und nirgends befand sich ein »trüber Beigeschmack«, der doch überall leicht durch ein »*Nichts von einem Nichts*« sonst entstehen könnte!? Es gibt so viele Taktlosigkeiten, unbewußte, zwischen fremden Charakteren! *Niemand ahnt es eigentlich, wie häufig er verletzt!*

Ich habe in dieser schönen Nacht das Wort geprägt: »Die ›*Regie der Liebe*‹ ist wichtiger als die *Liebe selbst*!« Freilich kostete es Ihr Geld und nicht das meine! Da kann ich leicht Aphorismen von mir geben – – –. Es gibt keine »Sympathien« auf der *»Bühne des Lebens«*, wenn man sie nicht als *»geschicktester Regisseur seines eigenen Herzens«* richtig, künstlerisch, taktvoll *in Szene setzt!!!* Eine jede Frau erwartet »geschickteste Mise en scène!« Wer *seinem eigenen Empfinden allein folgt*, vergißt, daß der andere dadurch vielleicht nur in große Verlegenheit, in eigentümliche Mißstimmung gebracht wird – – –. Selbst eine »dargebrachte Rose« will ihre »zarteste Regie« haben, um zu wirken! Die Art, der Moment der Übergabe, hundert Dinge sind dabei zu berücksichtigen! Ein *»Regisseur seiner selbst«* sein ist alles! Eine »dargebrachte Rose« kann das echteste Zeugnis eines tief impressionierten Herzens sein! Aber, schlecht und ungeschickt gemanaged, wird sie zu einer banalen, billigen und konventionellen Liebenswürdigkeit! Diese Abend, diese Nacht also, dieser Morgen in den Donauauen, mit der blutroten Sonne, der breiten stillen Donau, dem Morgendunst über den gelben Grasbüscheln, den rosenroten Gesträuchen, den grauen, gelben, roten, braunen Kieselfeldern von abgerundeten, gleichsam von ewigem Wasser abgeschliffenen Kieseln – – – alles das war wundervoll! Nur das eine störte, daß im Laufe der so schönen friedvollen Stunden ich mich immer intensiver für Ihre Dame, Sie sich immer intensiver für meine Dame zu interessieren begannen – – –. Als wir jedoch beide Damen bei ihrer Wohnung abgesetzt hatten und nun allein der Stadt zufuhren, fühlten wir es: Wäre deine Dame meine Dame und meine Dame deine Dame gewesen, so würden *dieselben* Empfindungen sich entwickelt haben! Also war die Regie ja doch vorzüglich, denn immer fliegt einer auf die Dame des *anderen!* Sonst wär's ja *gar zu fad!*

PETER ALTENBERG,

der Begründer der »Nachtlichter«, deren erste Nummer demnächst erscheint, führt diese mit folgenden Gedanken ein:

Kabarett --- *Kleinkunsttheater,* die *Kunst*, im *Kleinen* so zu wirken, wie sonst die ganz großen Dinge im *Theater!* Das können nur ganz wenige. Für mich bisher nur Yvette Guilbert, Mela Mars, die Marya Delward in ihren besten Sachen, Dr. Egon Friedell, Coquelin ainé, Girardi, Otto Treßler, die Niese. Die könnten nämlich alle aus einem *Nichts* ein *Alles* machen!

Man kann einen Roman schreiben von 200 Seiten, und er ist vortrefflich. Man kann dasselbe auf drei Seiten sagen, und es ist ebenso vortrefflich. Das Ganze ist eine Zeitersparnis. Es gibt heutzutage viele sonst tüchtige Menschen, die keine Zeit haben, 200 Seiten zu lesen. Diesen gibt man drei Seiten im Extrakte!

Eine Menge Menschen vertragen heutzutage nicht mehr ein Souper von 10 Gängen. Diesen gibt man eben Sanatogen, Somatose; weshalb sollen sie sich anstrengen, 200 Seiten zu verdauen – – – man gibt ihnen drei Seiten, die denselben Zweck erfüllen! So ist die Position des »Kabarett« dem »Theater« gegenüber. Das heißt: so sollte sie sein. Das sind nämlich *»ideale Forderungen«*, à la »Wildente«, die heute bei uns nur die *Mela Mars* erfüllt. Die *Marlow* kann da noch mit im *»Automobillied«*. Da hat sie auch diese »mysteriöse, mitreißende Kraft«, aus einem *Nichts* eine *Schicksalstragödie* zu gestalten! Tragische Komplikationen zu schaffen mit einem undefinierbaren Etwas! Oder im Vorlesen meiner Kindergeschichten!

Das Kabarett sei also, ideal gedacht, ein Hort der *kleinen großen* Kunst! Nicht alle Vögel sind Lämmergeier, Seeadler, Kondor, und erheben sich 12 000 Fuß in die eisigklaren Lüfte, um Umschau zu halten über ganze Länderstrecken! Es gibt *auch* wertvolle entzückende kleine Vöglein wie der Zaunkönig, der Eisvogel, die Haubenmeise. Sie sind vielleicht noch origineller, merkwürdiger, ja bewundernswerter als die Riesenvögel! Ähnlich verhält es sich mit den *Klein-Künstlern*! Sie erheben sich nie 12 000 Fuß über die Erde wie Ibsen, Gerhart Hauptmann, Hamsun, Strindberg, Maeterlinck. Aber sie huschen unbeschreiblich anmutig über die Erde hin, durch Wiesengräser und Gebüsche, und erfreuen ebenfalls durch ihre *»Klein-Künste«* des lebendigen Lebens! So war es seinerzeit mit der »Militärmusik« von Detlev von Liliencron und der Musik von Oskar Strauß. So war es mit dem herrlichen Ringeltanz desselben Komponisten. Muß man denn alle »Perlen« in eineinhalbstündige Operetten versenken und von »geschickten Tauchern« erst herausfischen lassen?!?!

Das »Kabarett« erspare dem zahlenden Publikum diese Mühe! Es bringe die »Perlen« und lasse den Schlamm und die Wertlosigkeiten abrinnen – – – So machen es ja auch die *Perlenfischer*.

RONACHER, VARIÉTÉBESPRECHUNG

Das Programm enthält einige Nummern allerersten Ranges, die jede für sich schon den Besuch der Vorstellung reichlichst lohnen würde. So die komischen Akrobaten *Pichel* und *Scali*, mit einem Soloringkampf von allerherrlichster Beobachtungskraft, und Persiflage feinster Art. Ferner die komische Gymnastikakt des *Willuhn-Trios* und die absolut unübertrefflichen *Spissel Brothers and Mack*, amerikanische Exzentriks. Von solchen *nüchtern-trockenen*, stets reserviert komischen, ungeheuer taktvollen und psychologisch feinfühligsten amerikanischen Exzentriks könnten nicht nur Schauspieler, sondern auch alle Künstler überhaupt und eigentlich sogar alle Menschen riesig viel lernen für ihr eigenes Leben. Nämlich »von selbst« zu wirken, aus innerer Kraft und selbstverständlicher Begabung, nicht mit diesem schrecklich angestrengten und traurig machenden »energischen Willen«

Der Wille sei doch eine fast von selbst befreiende Aktion eines Organismus, in bezug auf seine strotzenden, kaum mehr zu bändigenden Lebensenergien; wie wenn eine Frau nach neun Monaten endlich à tout prix ihrem zärtlichst ausgetragenen Kindchen endlich das lebendige Leben zu verschaffen sich unbedingt genötigt sähe! So sei ein jeder Künstler. Er gehe schwanger mit kaum mehr zu bändigenden innerlichen Kräften, und dann endlich erlöse er sich von seinem lebendigsten Überschusse. Aber diese vielen vielen anderen, die immer nur, *bleich und verdrießlich*, *wollen* und *wollen*, aber deren »Erlösungen« in Kunstdarbietung wir nicht »freudig« mitmachen können, weil sie eben auch nicht freudig, das heißt nicht aus überschüssigen Lebensenergien heraus, den *Spender* selbst vor allem *erlösend*, geboten wurden! Jeder erhält im Leben *nur das zurück* als Liebesgabe, was er *opferfreudig-naturgemäß* gespendet hat. So ist die Weltordnung. Man unterschätze ja nicht den amerikanischen Knockabout auf der Variétébühne. Er leistet *freudig* und *fast spielend* das *Äußerste. Deshalb* gewinnt man ihn lieb und wird selbst freudig erregt. Weshalb rührt, erfrischt, belebt uns die Natur so tief?!? Weil sie einfach alle ihre Erzeugnisse wirklich vollendet leistet. Jeder Baum, jede Blume sind ein natürliches Akrobatenkunststück! Da wirken alle Kräfte von selbst mit, da ist der lähmende schlechtrassige *»Wille«* ausgeschaltet! Man kann zum Beispiel als Knockabout nicht wie ein »Schimpanse« wirken wollen; man muß es *sein* können, so daß man wirklich in Borneo in Lianenwäldern sich fast heimisch fühlte. Man darf nicht sagen: Ich will auf der Bühne einen »Schimpansen« kopieren; man muß bereits tausend heimliche Beziehungen zu diesem edlen, sanftmütigen Menschentiere besitzen. Das alles bei Gelegenheit der Darbietungen von Spissel Brothers and Mack, amerikanische Exzentriks im Etablissement Ronacher. Wiedererstandenes Griechentum an Kraft und Anmut stellt der Wunderathlet Paul Conchas dar. Dabei hat er einen komischen Partner, den man einfach direkt liebgewinnt, einen Partner voll Freundschaft und liebenswürdigster Gutmütigkeit und von zartestem Humor. Ausgezeichnet, verblüffend ist Clement de Lion, Billardballmanipulator. Anne Dancrey hat eine sympathische Stimme und sehr schöne Armbewegungen. Überhaupt eine noble, echt französische Erscheinung, ihre Walzer und ihre Art zu tanzen. Die Franzosen bleiben ewig ein »historisches Volk«. Sogar ihre Variététänzerinnen haben nur »Tradition« aus vergangenen heldenhaften Zeiten, nie einen Ansatz zu vollkommen neuer Entwicklung. Ihr »Jupon« ist der Comble ihrer menschlichen Grazie. Sie haben eine »geniale Historie«, sie haben es nicht nötig, sich zu entwickeln, mit allem mitzugehen, was noch nicht erprobt ist auf seine absolute Solidität! So etwas können *unaristokratische* Organisationen wagen, die nichts zu verlieren, nur zu gewinnen haben, im Trubel der Welt! Aber der Franzose hat seine »heilige Geschichte« hinter sich; für sich; er läßt sich nicht ein auf Neuerungen, die noch nicht von opfermütigen Helden beglaubigt, signiert sind! Die

Französin verläßt sich noch immer gläubig auf die Wirkung ihrer *Jupons!* Nun zum Schlusse muß ich noch die wunderbare Kinematograph-Aufnahme erwähnen des Einzuges des Königs von England in Berlin. Ein Schaustück sondergleichen. Wie der Hochzeitstag im »Lohengrin« oder der Aufzug der Gäste im »Tannhäuser«. Eine kolossale »Regie«-Leistung des Lebens selbst auf der Weltenbühne. Man macht das große Pathos mit, das die Menschheit braucht; Begeisterung ist das »Ozon« der Seele. Es ist wie amerikanische Kriegsmärsche; man bekommt plötzlich den Mut und den Willen, für irgendeine Sache in den Tod zu wollen!

DER TROMMLER BELIN

Er sass mit seinem jungen Weibe bei »Ronacher«, Vergnügungs-Etablissement. Er sagte Leuten, welche darüber Bemerkungen machen: »Warum nicht?! Mich interessiren die Zwischenglieder der Kunst. Und dann, giebt es nicht auch Prater-Buden?! Nun also!?«

Um acht Uhr beginnt die Vorstellung. Tausend Glühlampen werden aufgedreht.

»The Pickwick's.« Fette Männer in hellblauen Tricot's springen übereinander, schwitzen.

Man hört gleichsam diese Lungen schreien: »Oh, genug, lass' mich – – –.«

Alles applaudirt. Die junge Frau denkt: »Mühselige – – – Müh – unselige!«

Ein kleines Mädchen wie ein rosa Zwirn arbeitet auf dem weissen Telephon-Draht.

Ein Dünnes im Kampfe mit einem Dünneren!

»Müh – unselige!« sagt die junge Frau.

Drei Bären aus dunklen Wäldern produciren sich. Einer singt Etwas in seinen Heimathstönen. Niemand versteht es. Es heisst: »Ich war wild, wild, houuuuu ich war wild – – –!«

Alles applaudirt.

»Wie müh – unselig!« denkt die junge Frau.

Eine Pantomime »La Puce.« Es ist die »stummer Geist gewordene Gemeinheit«.

»Eine junge Dame in einem hellgrünen Seidenkleide entkleidet sich, um ›la puce‹ zu suchen, versäumt die Zeit zum ›Rendez-vous.‹ La puce als Ehrenretter. La puce bekommt die Medaille. Hó, la puce – – –!«

Alles applaudirt.

Die junge Frau fühlt: »Mühselige – – –!«

Der Trommel-Virtuose Belin.

»Ein passendes Stück, ein Trommler – –«, sagt Jemand, »ist es amüsant?! Was kann er?! Trommeln?!«

Das Publikum ruft ihm gleichsam entgegen: »Ah, bonjour Herr Trommler – – –!«

Auf einem kleinen Gestelle liegt schief eine kleine Trommel.

Er kommt herein, in Frack und weisser Kravatte. Er hat ergrauende Locken.

»Die Schlacht!«:

Rataplán ra ra ra ra – – – von ferne ziehen unabsehbare Schaaren in Eilschritt heran, Millionen, immer noch, immer noch, noch, noch, noch. Noch –! Sie schleichen, gleiten, huschen, fliegen – – –. Pause.

Geschütz-Salve – – – ratá! Pause. Salve, Salve, Salve – – – ratatatá!

Die Schlacht singt ihr Lied, jauchzt, kreischt, brüllt, stöhnt, athmet aus – – – – – –. Pause. Plötzlich beginnt ein furchtbarer Wirbel – – – – Rrrrátaplan rrrráta rrrráta rrrráta rrratatatá tá tá tá tá – – – trrrrrrrrrá! Der Todeskampf dieses Lebens »Schlacht«!

Orkan-Wirbel!

Er nothzüchtigt das Ohr, spannt es, treibt es auseinander, schüttelt es, bricht es, dringt in die Seele ein und macht erschauern – – –! Ein fürchterlicher Wirbel, ein entsetzlicher, nachsichtsloser, grausamer, blutohriger Wirbel! Wird er nicht aufhören?! Er hört nicht auf, rrrratá, prasselt herum, zerfetzt die Nerven, rrrrátatatá! Wirbel! Wirbel – –!! Rrrratá! Alles wird über den Boden geblasen, gemäht, vertilgt!

Schuss – – Schuss – – – – – – – Schuss! Rrrrrrrrrát – – – – –. Die Schlacht ist gestorben.

Stille.

Der Mann im schwarzen Frack steht da, verbeugt sich, geht – – –.

Niemand applaudirt.

»Ein schrecklicher Trommler – –«, denkt man, »er zerreisst das Trommelfell.«

»Ein Genie des Handgelenkes ganz einfach – –«, sagt ein Aristokrat in einer Loge.

Die junge Frau sitzt da, bleich – – –.

»Du bist ganz geschreckt – –«, sagt der Gatte, legt seine Hand sanft auf ihre Hand.

»Napoleon – – –!« sagt sie.

»Wie?!« sagt der Gatte.

»Er hat wenig Applaus gehabt – – –«, sagt sie, »er wird vielleicht entlassen werden – – –.«

»Nein – – –«, sagt der Gatte, »sie sind fix engagirt – – –. Wie bleich Du bist – –«.

Die junge Frau fühlt: »Napoleon – – –!«

APOLLOTHEATER

Märzprogramm. Vor allem meine *Bewunderung* für *Gussy Holl*, Diseuse. Gleich bei der ersten Strophe der Bauernparodie, weiß, spürt man sogleich, daß man eine ganz echte und leichte, also *graziöse*, mühelose Könnerin vor sich hat, die dem Publikum nichts *abtrotzt*, sondern *von selbst* alle sogleich zu *dankbaren Freunden* hat! Ihre Komik ist komisch, ihre Talente sind *nicht enderschöpft* in ihren Darbietungen, sondern *dahinter steckt* gleichsam ein noch gänzlich unausgeschöpftes Repertoir sämtlicher *lustigen* und *tragischen* Lieder des herrlichen Hannes Ruch, der natürlich seit Marya Delvard in Wien *entschwunden* ist. Seine einst von Mella Mars gesungene herrliche parodistische Tarantella wäre so ein Schlager für Gussy Holl. Sie kann nämlich noch viel mehr als sie kann, das ist das *Befreiende* bei ihren Vorträgen, daß sie nicht immer nur »ein Letztes, Mühseliges« mühselig *herauspreßt*, wie viele, die ich *leider* nicht nenne. Kunst muß leicht, lächelnd, kindlich, mühelos sein. Wunderbar ist ihre Parodie der Japanerin »Hanako«, ein *tragisches Äffchen!* Sarah Bernhardt mit der Spukarie aus »Kameliendame« sollte sie auslassen. Das ist zu billig. Die Bernhardt muß sie in ihrem übertriebenen französischen Racine-et-Corneille-Pathos parodieren! Reizend macht sie den »Damenimitator«, und als Zugabe: »Fritz Grünbaum«. Ein herziges Kunstwerkchen sind allein schon ihre zierlich-kindischen Verbeugungen, und überhaupt alles an ihr, jede Bewegung haucht »Persönlichkeit« aus, für die sie nichts kann. Man ist direkt dankbar, daß sie da ist, was man nicht von allen behaupten kann, die uns mit Liedern und Rezitation bel-glücken! Möge Gussy Holl, die *Könnerin*, ihr Repertoir ausdehnen bis zu *tragischen Balladen!* Eine herrliche Sensation ist die amerikanische Keulenschwingertruppe The five Morton. Ein Abend im Parke eines Sportklubs: Wirklich spielen und singen diese *»körperlichen Hocharistokraten«* nur gleichsam für sich selbst und werden nur *zufällig* von Direktor Ben Tieber dafür bezahlt. Man glaubt es fast gar nicht, daß sie für

Gage spielen. So etwas kann man auch eigentlich nicht bezahlen. Klothilde *v. Derp* tanzt mit einem Partner idealisierte Bauerntänze zu Chopin, Opus 69 Nr. 2 und Opus 34 Nr. 1. Jedenfalls *ist* sie und *tanzt* sie überaus lieblich. Ob es Chopin ist, weiß ich nicht, es ist »Tanz« mit Musikbegleitung. Mit den *Haxen* kann man nicht *denken!* Und mit dem *Gehirn* kann man nicht *tanzen!* Die drei Clowne *»Alvaretta«* sind *unübertrefflich.* Mit neun Tönen à la *Kikeriki* bringt der eine alle Lustigkeiten herbei, und der andere mit einer unverständlichen Anrede an das Publikum. Lustig wirken, mit geringen Mitteln, heißt »große Mittel« haben! Die *Alvarettas* sind mustergültig! Sehr gut ist das *Nachtigallen-Liebesduett*, Parodie aus der Vogelwelt, von Robert und Bertrand. Bei Mc Leans sind die *allerherrlichsten rostroten Haare* der hübschen Tänzerin allein schon ein Kunstgenuß, obzwar sie echt sind! Diese rostrote Mähne so zu schütteln ist wunderbar. Da sieht man wieder, daß es *nur einen Hauptschmuck* gibt der schönen Frau, ihre *Haare*, und nicht ekelhaft teure Hüte mit unglückseligen Tieren ausgerupften Federn! Der Sketch mit Charlé, Brand, Bachrich, Brenneis ist sehr lustig. Fragt mich nicht nach dem Inhalt, denn das Erröten steht mir nicht gut! Die zwei *»Spaniels«* der Gaudsmith haben mehr Verve und Freudigkeiten als die meisten *menschlichen* Akrobaten. Ihre Lust, sich zu produzieren, ein *hündischer*, aber diesmal *edler* Ehrgeiz, ist rührend!

SEELÖWEN

Der Dichter sah im Apollotheater die Seelöwen der Dresseurin Madame Juliette. Ihre Kunstleistungen entzückten ihn; aber ihr Wesen, ihre gutmütige Liebenswürdigkeit, ihre ›Menschenfreundlichkeit‹, ihr gutwilliges, freudiges Bemühen rührten ihn tief; und er begriff es nicht, daß irgendein Reicher, mit Glücksgütern Begabter, ein Gesegneter vom Schicksal, sich so ein wunderbares Tier nicht erstünde, um diese getreuen Augen, diese mysteriöse Anhänglichkeit an den Pfleger genießen zu können in seinem empfindsamen Herzen – – –. In ihrer Ungeschicklichkeit geschickt; behend in Unbehendigkeit; tolpatschig und anmutig zugleich; und mit den Augen Treue spendend und unermeßliche Anhänglichkeit – – –. Er dachte sich in einem Parke ein wunderbares Bassin aus mit einem flachen Felsen zur Sonnentrocknung. Und eine Dame käme hin, täglich zweimal, mit einem Weidenkorbe voll von Fischen. Da schwämme in lieblicher Hast der Seelöwe heran, erhöbe sich, bellte leise und blickte die Herrin liebevoll an. Und diese setzte sich an den Rand des Bassins, spräche freundschaftlich zu dem klugen Tiere, das sie nicht versteht und dennoch versteht! Und eines Tages streichelte sie ganz besonders zärtlich den glatten feuchten Kopf der Robbe und sagte: »Du bist ja doch der einzige, der mich wirklich liebhat und versteht auf Erden –.«

So träumte der Dichter. Aber am nächsten Abende las er folgendes in der Zeitung: »Gräfin Z. hat der Dresseurin Madame Juliette den Seelöwen ›Robespierre‹ um 12 000 Franks abgekauft für ihr ungarisches Gut.«

Da träumte der Dichter: »Wahrscheinlich bedarf die Edle gerade jetzt aus irgend einem Grunde eines solchen besten, sichersten und getreuesten Freundes – – –!«

EPISODE

Zwei elegante junge Leute stellen sich verlegen vor:

»Wir sind seit langem begeisterte Verehrer Ihrer Dichtungen und bitten Sie um die Ehre, an unserm Tische mit uns Champagner zu trinken – – –.«

»Meine Herren, ich bin sehr, sehr krank, und bitte Sie daher, mir vorher alle Garantien zu bieten, daß man sich in vollster Korrektheit benehmen werde!«

»Aber Herr Altenberg, würden wir sonst um die Ehre Ihrer Gesellschaft zu bitten überhaupt wagen?!?«

Zwei Stunden später: »Sie, Peterl, mir san ganz gewöhnliche naive Menschenkinder, aber Sie haben doch das Raffinement, Sie verstehen doch diese Sachen aus dem ff. Sie, bitt' Sie, mir beide fliegen so kolossal auf dös Menscherl dort am dritten Tisch. Gehn's, kobern's es uns zu – spielen Sie den Vermittler!«

Ich stand auf, sagte: »Meine Herren, Sie vergessen Ihre zugesagten Garantien! Ich muß Sie ernstlich daran erinnern – – –.«

»Was Garantien – wir wollen uns für unser Geld amüsieren.«

Darauf stand ich brüsk auf, ging zu der Dame hin und brachte sie an den Tisch. Eine Pause entstand beklommener Verlegenheit. Dann sagte ich: »Sie haben nun für Ihr Geld Ihr Vergnügen! Apropos, es gebühren mir aber noch für die Vermittlung zwei Flaschen Schampus! Also her damit! Ich werde sie aber *allein* an einem anderen Tische trinken!«

BERÜHMTHEIT

Wir waren einmal, eine größere Gesellschaft von Künstlern, in einem Champagnerpavillon in ›Venedig in Wien‹ im heurigen Sommer. Drei süße Mädchen setzten sich sogleich zu uns. Jemand aus der Gesellschaft sagte zu ihnen: »Kinder, wißt's ihr denn nicht, in wessen Gesellschaft ihr heute die Ehre habt zu sitzen?! Dieser Herr da ist doch der berühmte Maler Gustav Klimt!« »So – – –«, sagten die Mädchen nonchalant. Da kam ein viertes Mädchen hinzu und sagte: »Kinder, wißt's ihr, wer der is?! I erkenn' ihn ganz genau wieder – – –.« »Ah, was geht das uns an, von uns aus soll er sein, wer er will –.« »Aber, dös is doch der Herr, der heuer im Winter im Casino de Paris zwölf Flaschen Charles Heidsieck gezahlt hat!« »Was, dös is der?! Richtig! Jetzt erkenn' ich ihn! Sie, Herr berühmter Maler, Sie sollen leben!«

P. S. Der Vertreter von Charles Heidsieck sagte einmal zu mir in einer vorgerückten Stunde: »Du, Peter, ich bin nur neugierig, ob du meine Firma einmal in eine deiner Skizzen wirst hineinbringen?! Peter, dann kannst du saufen, so viel du willst!«

Nun hoffe ich also mit einiger Berechtigung, saufen zu können. Es war allerdings damals in der Klimt-Affäre gar kein Charles Heidsieck, sondern Pommery gewesen. Aber da er ebenso gut ist, und man überdies noch zu saufen bekommt dafür?!

TABARIN

Im *Tabarin* kann man *manches* lernen, wie überhaupt überall, *vieles*, vielleicht sogar *alles*. Aber man muß die *Lernorgane* dazu haben. Sonst lernt man *nichts*, nirgends, und *verlernt* sogar. Augen, Ohren muß man haben und deren Verbindung mit Geist und Seele. Voilà tout. Die *Französin* also ist nicht *eitel*, das macht sie vor allem dem »Drahrer« sympathischer. Nie wird sie dich belästigen mit Fragen, wie dir ihre Bluse, ihr Hut, ihr Ring gefallen. Machst du eine günstige Bemerkung darüber, so ist sie glücklich, aber *Lob erpressen* wie bei uns tut sie nie. Sie hat die Qualitäten ihres guten, freien und dennoch netten Benehmens, denkt *nie* daran, auf dich zu wirken, sondern *wirkt!* Ihr ist nie *bange* um ihre *Wirkung*, infolgedessen *denkt* sie nicht daran. Sie ist eine unbewußte Lebenskünstlerin, lebt ihre Persönlichkeit ganz kindlich unverfroren aus, überläßt sich dem Schicksal, hat künstlerisch leichten Sinn, und ihre Niederträchtigkeiten haben noch die Gloriole kindlichen Unwissens! Man zürnt ihr nicht, das ist es! So wenig man einem Vögelchen zürnte, das einen aus der Luft oder von einem Baumast aus bekleckste! Es ist peinlich, aber man zürnt ihm nicht, eher sich selber, daß man gerade dort hat sitzen müssen! Die Wienerin ist eine Erpresserin, betrachtet dich von vornherein als einen Geizkragen, der nicht genug »auslassen« wird und dem man es daher unerbittlich »herauskitzeln« muß. Der Champagnerfleck, den du auf das Kleid der Französin machst unabsichtlich, erzeugt bei ihr einen einzigen tragischen flüchtigen Augenblick, während die Wienerin sich verfärbt, gleichsam alt und krank wird und dir es mitteilt, daß das Kleid dreihundert Kronen koste und wie sie dazu käme, kannst net aufpassen, Ochs?!

Die Französin kümmert sich *niemals* um deine *Laune*, Gast, um dein seelisches Wohlbefinden. Sie tut, was sie *kann*, und vor allem, was sie *will!* Die Wienerin ist ununterbrochen *auf der Lauer* um deine seelische Laune ihr gegenüber, da sie einerseits weiß, daß ihr momentanes ökonomisches Glück davon abhängt, anderseits es *ganz genau* fühlt, daß sie mit ihrer stieren Persönlickeit *nichts* dazu beitragen kann, deine Laune zu *verbessern!* Die Französin wirkt mit ihrer *Persönlichkeit*, die Engländerin mit ihrer *Reinheit*, die Wienerin mit ihrer *Stierheit!*

Frauen sind zu werten *außerhalb* der Weltkonstellationen!

VERGNÜGUNGSLOKAL

Im »Tabarin« gaben die Herren an Blumen aus für das Fräulein Paula:

Lila gefüllte Nelken: 20 Kronen.

Ceriserote Rosenknospen: 30 Kronen.

Mimosa pudica, Büsche: 10 Kronen.

Weiß-grüne Schneeballen, Büsche: 10 Kronen.

»Der Diener soll mir's ins Auto nachtragen, gib ihm 3 Kronen! Aber vorn, daß die Leut es sehn!«

Am nächsten Morgen sagte das aschblonde wunderbare siebzehnjährige Küchenmädchen zu mir: »Schneeglöckerln gibt's schon, Jessas, wie bei uns in ›Steinhaus‹, beim Waldsumpf, aber teuer sein's noch, 30 Heller das Büscherl!«

DIE REIFENKÜNSTLER

VARIETEE-KRITIK

Sie waren ganz in Weiß gekleidet und hatten 1000 weiße Holzreifen. Es waren fünf wunderschöne magere Jünglinge mit scharfen Adlergesichtern und fast eingefallenen Wangen und ein 14jähriges Mädchen, ebenfalls mit einem Adlergesicht, aber viel zarter und aristokratischer und flachsblond. Sie arbeiteten wie zu ihrem eigenen ausschließlichen Vergnügen, wie auf weiten englischen Wiesen der Fürstenschlösser. Wenn etwas fehlging, erschien es allen als das Natürlichste von der Welt und niemand hatte die Empfindung, daß sie nicht überaus vortreffliche Künstler wären. Auf den Gesichtern der Reifenspieler war freudige Erregung, wie jedes mit Anmut dargebrachte Vollkommene es auf dem Antlitze widerspiegelt, ein edler Gegensatz zu »im Schweiße deines Angesichtes«!

Die weißen Holzreifen wurden zu lebendigen Wesen, liefen, sprangen, flogen, tanzten, rannten über die biegsamen Leiber der Spielenden. Mit äußerster Zartheit behandelte man das Mädchen, stellte sie auf bequemere Posten, auf minder exponierte in der Reifenschlacht, wo hunderte Reifen zugleich durch die Luft sausten. Zwei Jünglinge standen auf steilen Gerüsten, um alle sausenden Reifen aufzufangen.

Da sagte die wunderschöne junge Dame in der Loge zu ihren drei Kavalieren: »Wer von euch im nächsten

Sommer auf unserem Schlosse auf der großen Wiese so Reifen spielen kann wie diese, erhält meine Hand!«

»Zu Artisten sind wir uns zu gut«, dachten zwei der Kavaliere und verzichteten innerlich.

Aber der dritte sagte: »Wenn ich nicht veranlagt wäre, diese körperliche Vollkommenheit zu erreichen, wäre ich Ihrer, Komtesse, überhaupt nicht würdig –.«

Tosender Beifall belohnte die Reifenspieler für ihre schwierigsten Tricks. Aber in ihrem feurigen Eifer spielten sie dennoch wie ausschließlich zu eigenem Vergnügen, achteten nicht der Beifallsstürme, postierten das junge Mädchen, wo es leichtere Arbeit hatte, und als sie selbst hier etwas versah, ging einer hin und küßte sie beruhigend auf die Wange. Man hatte das Gefühl von edel-leichten Organisationen, wie Antilopen, Gazellen, Eidechsen. Man dachte sogar: »Die können nicht gemein sein, boshaft, heimtückisch – – –.«

Und in der Tat sind solche Artisten meistens gutmütig und zufrieden mit dem Schicksal.

Die Dame in der Loge sagte zu ihrem dritten Kavalier: »Sie brauchen nichts mehr zu erweisen, Sie haben bereits die Probe bestanden, indem Sie zuversichtlich es auf sich nahmen; wir gehören einander!«

STAMMTISCH

Ein Stammtisch ist ein Tisch, an dem abends die Ungezogenheiten, Frechheiten und Egoismen der Nebenmenschen ins Unermeßliche auswachsen! Ein *Spülwasser-Ausguß* für alles, was die beschäftigte Lebensmaschine bei Tage belastet und irritiert hatte!

Ich habe daher zu meiner irgendwie möglichen Entlastung einen *kleinen Tarif* zu meinen Gunsten eingeführt.

Anekdoten aus der Kinderstube und wundersame Erlebnisse mit seinen Kleinen: 70 Heller!

Versuche des Mannes, die Gattin oder Geliebte zu blamieren, zu desavouieren oder als »Dummerl« hinzustellen: 1 Krone 20! Rache der beiden Geschlechter für irgend etwas, was sie bei Tage gegiftet hatte: 80 Heller! *Ostentativer* Versuch eines Herrn, einer Dame bei allen Dummheiten, die sie sagt, rechtzugeben: 1 Krone 40! Gespräche über Hygiene, die nicht den Lehren meines »Prodromos« entsprechen: 90 Heller!

Versuche der Eroberung einer Seele, die, wie alle Seelen, *mir* gehört, 3 Kronen 80! *Zu nahes* Sitzen neben einer Dame, die *mir* gefällt: 5 Kr.! Am ersten Abende der Einführung meines Tarifes, bezahlte mir Herr T.:

	70	Heller
1 Krone	20	”
–	80	”
1 Krone	40	”
–	90	”

3	Kronen	80	"
5	"	–	"
13	Kronen	80	Heller

BEI BUFFALO BILL

Als sie 18 Jahre alt geworden war, fragte man sie einmal, weshalb sie denn allen ihren so netten Herren Hofmachern gegenüber sich so kühl und abweisend verhalte?!?

Da erwiderte die Wunderschöne: »Es war in meinem zehnten Lebensjahre. Da war ich mit meinem geliebten Papa und dem Herrn Dichter abends bei Buffallo Bill. Papa und der Dichter waren sehr lieb zu mir und ich befand mich in außergewöhnlicher Stimmung. Der weite Platz war erfüllt von Bogenlichtschimmer und Pistolenrauch und die amerikanischen Bläser schmetterten die raschen Märsche. Alles war besonders. Es dauerte fast drei Stunden, und Papa wollte vor der allerletzten Nummer bereits mit mir nach Hause gehen. Da sagte der Dichter: »Elisabeth darf die drei tscherkessischen Reiter nicht versäumen – – –«. Und so blieben wir. Wie im Sturmwinde kamen sie herangefegt, stehend in den verkürzten Steigbügeln, die Arme weit ausgebreitet, nirgends ein Zügel, in unendlich freier und stolzer Art, wie schwebend auf fliegenden Pferden. Ich stand auf von meinem Sitz, ich ergriff Papa zitternd bei der Hand. Seitdem kann mir niemand mehr wirklich gefallen – – –.«

MEINE KORRESPONDENZ

Du, Peter, schau', i hab' an Kren (reichen Mann) am Semmering sitzen, der jetzt aber seit einiger Zeit ›nachläßt‹. Geh' schreib' du ihm einen geschickten Brief statt meiner. Wenn du ihm dadurch die 200 Kronen herausfetzt, kriegst du davon 50. Wird dir das was schaden, no also!?!«

Ich führte für ein armes süßes Mäderl durch ein halbes Jahr die Korrespondenz mit einem reichen jungen Ingenieur in Rußland, der sie heiraten wollte. Eines Tages kam sie und sagte zu mir:

»Peter, du brauchst dich nicht mehr zu bemühen, der Schuft ist verheiratet und hat drei Kinder. Es war alles umsonst. Wir sind da beide schön hineingesprungen – – –.«

»Peter, du allein kannst mir noch helfen, ich flieg' wie irrsinnig auf den jungen Grafen T. Schreib' ihm statt meiner einen deiner entzückenden Liebesbriefe, wo man net mehr auskann, wann man's gelesen hat – – –.«

Und ich schrieb einen meiner entzückenden Liebesbriefe, wo man nicht mehr auskann – – –.

Der Graf schrieb zurück: »Fliege nicht auf moderne Gänse mit mißverstandenen P. A.-Allüren. Schluß!«

Das junge Mädchen sagte zu mir: »Du willst ein Dichter sein?! Wennst einem nicht einmal in so einer Sache helfen kannst?! Geh' scham' di (schäme dich)!«

Eine war kokett gewesen, hatte sich dadurch ihren getreuen sicheren Freund mit Monatsrente verscherzt.

Sie bat mich, es ihr durch einen Brief zu richten.

Ich schrieb statt ihrer: »Du als ›alter Drahrer‹ solltest längst es doch wissen, daß *wir alle dumme Ludern* sind! Willst Du mit einem ungezogenen aber süßen Kindchen aufbegehren, das Dich ›anwischerlt‹, während Du es streichelst auf Deinem Schoße?!? Schau', wir sind ja so arme dumme schlecht erzogene Kindchen. Habe da doch ein bißchen Erbarmen!«

Und er hatte Erbarmen und schickte, ohne je wiederzukommen, die Monatsrente!

AMERIKANISCHE KEULENWERFER

Die junge wunderbare Dame in der Proszeniumsloge des Variétés sagte: »Meine Herren Anbeter, wer von euch innerhalb sechs Monaten ebenso herrlich Keulen wird werfen können wie diese edlen amerikanischen Jünglinge, der wird mich in Besitz nehmen dürfen – – –!«

Der Baron sagte: »Äh, Gnädigste, hätte gerade von Ihnen erwartet, daß Sie mehr Wert legten auf geistige Qualitäten –.«

Der Graf sagte: »Edelgeborene Rassen brauchen kein Übriges zu leisten! Sie haben es von Schicksals Gnaden von vornherein mitbekommen – – –!«

Der junge Fürst jedoch küßte der wunderbaren Dame ehrerbietig die Hand und sagte einfach: »Ich will's versuchen –!«

Die Dame sagte: »Es ist bereits soviel wie erreicht, Prinz! Denn aus weiser Erkenntnis und liebevollem Willen erblühen von selbst alle unsre Kräfte und Fähigkeiten! Ich habe bereits gewählt!«

Der Baron und der Graf zogen ab, wie die ›abgewiesenen Freier‹ im Märchen, die das Rätsel nicht gelöst hatten – – –.

Der Baron sagte: »Äh, verdammt, muß Peter Altenberg gelesen haben, die kleine Kröte – – –.«

RHEINGOLD

Diese merkwürdige Spannung beim »Rheingold«; man wartet fast *ängstlich-sehnsüchtig* auf den ersten Ton und das Rauschen des Rheins. Man ist andächtiger als sonst je! Wie wenn das Rauschen, Fließen, Schimmern des Wassers alles überspülte, was die Götterlein und die Menschlein erleiden, erleben und für wichtig halten! Es beginnt mit der Tragödie »Pànta rèi«, alles befindet sich in fließender, sich umgestaltender Bewegung in der Welt. Es beginnt mit dem Rauschen, Fließen, Schimmern des Rheines. Ich dachte: »Auf alle Fälle habe ich Hasenpastete mitgebracht, denn es gibt keine Pausen. Ich werde der edlen englischen Tänzerin, die mich in ihre Parterreloge eingeladen hat, im geeigneten Augenblick von meiner Hasenpastete anbieten.« Aber es kam lange nicht dazu. Maler Roller hat links ins Eck uralte Bergföhren hingestellt, mit abgebrochenen Seitenästen und kahl, die auch ruhig besonnen blicken auf die tragischen Verwicklungen! Wie kam mir als Knabe das Gymnasium vor mit seinen Tagestragödien, wenn ich im Sommer auf dem »Pürsthof«, einer Alm im Schneeberggebiet, nächtigte und um 5 Uhr morgens über triefendes Almgras in den Forst kam, wo uralte Bergföhren mit gebrochenen Ästen und grauem Haarmoos standen und der Klopfspecht hämmerte wie ein fleißiger Schmied der Natur selbst?!? So sah ich heute, dank dem Maler Roller, die ernste Natur wie ein weiser Chorus folgen den Schicksalen der Schicksalunterworfenen! Rheinestiefe, alte Bergföhren, dunstig-nebeliges Rheintal umspannten die armseligen Schicksale, die Herz und Geldgier schufen. In der rechten Ecke meiner Parterreloge Nr. 7 sah ich aus Holz geschnitzt eine goldene Karyatide mit adeligsten goldenen Gliedern. Sie war so ruhig in ihrer Vollkommenheit, so sicher, so überlegen nackt. Man durfte sie anschauen, ohne daß sie irgendwie geniert wäre. Auch sie thronte über den Dingen. Ich dachte: »Welcher vergessene Künstler hat dich verfertigt, welchem tadellosen Modell verdankst du deine Gestalt, das vielleicht längst an dem und jenem zugrunde gegangen ist?!?« Um 9 Uhr dachte ich an meine Hasenpastete, die, doppelt in Pergamentpapier eingewickelt, gut aufbewahrt war in meinem Rocke. Nun kam *Erda* aus einem Erdspalte und warnte Wotan. So der Natur gleich ist ihr Singen, wie wenn der Rhein, die Bergföhren, die nebeligen Täler warnen würden vor Kleinlichkeiten! Der Mensch, der Zuschauer, der Zuhörer erschauert, wenn Erda warnt! Ewig warnt uns in gleicher eindringlicher mysteriöser Weise vor unseren eigenen Irrsinnen die ernst-gerechte Natur... Aber wir erbauen dennoch Burgen und Luftschlösser! Walhalla lassen wir uns erbauen von betrogenen und betrügerischen *Schlechtrassigen!* Plötzlich sagte die edle englische Tänzerin, die mich in die Parterreloge eingeladen hatte: »Ich habe einen sehr großen Appetit, trotz allen diesen wunderbaren Dingen – –.« Da gab ich ihr im Hinterzimmerchen der

Loge meine Hasenpastete. Möge kein fanatischer Wagnerianer sie begeistert essen gesehen haben, während die heiligen Takte gespielt wurden, möge kein fanatischer Wagnerianer meinen gerührten Blick gesehen haben, daß ihr die »Hasenpastete« schmeckte, während »Rheingold« weiterging. – – – Aber zum Schluß waren wir dennoch ganz hingerissen; und wir begriffen es gar nicht, daß wir mitten drin hatten Hasenpastete essen können mit Befriedigung!

KABARETT »FLEDERMAUS«

4. Februar 1908

Das Kabarett Fledermaus macht wirklich alle besonderen Bemühungen. Nach den allgemein anerkannten und bejubelten Schwestern Wiesenthal nun eine junge marokkanische Tänzerin. Und das alles zu einer Zeit, 5 Uhr nachmittags, in der »die Welt, die sich langweilt« sich besonders langweilt. Nun kann man die Zeit hinbringen mit Exzeptionellem. Eine ganz neue Sache ist mehr als ein noch so gediegenes Gewohntes. Es ist ein energisches Anregungsmittel wie Tee, Kaffee, Zigarette. Mag man auch skeptisch bleiben und zurückhaltend, irgend etwas vom trägen Althergebrachten wird in Verwirrung gebracht und aufgestört. Man beginnt ein wenig sein wohlgehütetes Kapital von Gewesenem nachzuzählen, auf Werte zu kontrollieren;

ein Beginn, sich zu verändern, zu verbessern. Der Markensammler, der plötzlich sähe, daß auch Münzen schön sind, ein Beginn, eventuell beides für verfehlt zu erachten und als keine Lebensaufgabe! Aber vorgehen muß etwas in uns, vorgehen, vor, vor! Marokko bringt einen neuen Rhythmus in unsere Gliedmaßen. Es lebe Marokko! Wir sehen eine besondere hellbraune Haut, besonders entwickelte Muskeln. Merkwürdig befremdlich ist der Schwerttanz, merkwürdig aufregend der Bauchtanz. Wie wunderbar ist der Frauenleib ohne die Verlogenheit der Gewandung! Es ist so natürlich, daß man dieses Verbrechen »Trikot« nicht mehr begreifen kann. Goethe bewunderte einst stundenlang eine junge Person in ihrer vom Schicksal ihr verliehenen Vollkommenheit. Er war glücklich, nicht einmal ihre Fingerspitzen berührt zu haben. Er hielt sich für belohnt genug durch den Anblick. Er ging beglückt hinweg wie nie jemals zuvor. Unser Schamgefühl konzentriere sich auf das Unvollkommene. Es bleibe in Verborgenheiten, es schäme sich mit Recht, weil es den Plänen des Schöpfers nicht entspricht. Aber die orangefarbene Haut der Sulamit Rahu besteht vor dem Künstlerauge die Probe auf Vollkommenheit. In ebenso exzeptionelle Welten bringt uns der edelgroteske Tanz der Gertrude Barrison, in einem grünen Kostüm von Kolo Moser, in dem sie aussieht wie eine neue unbekannte Vogelart. In einem von der Tänzerin unbeschreiblich lieblich und eindringlich gesprochenen Texte teilt sie vor dem Tanzen mit, daß alle, alle Damen sich nur feig richteten nach demjenigen, von dem sie seelisch oder ökonomisch abhängig seien. Sie aber sei ihre eigene Laune, wolle niemanden einfangen, nicht einmal das Publikum. Und dann kommt ein grotesker Tanz, mit Ausgelassenheiten von Kindern und Clownerien. Dazu das liebliche Gesichterl mit einer Frisur, die populär werden sollte bei allen, die ein ebenso liebliches Antlitz haben! Aber nur bei solchen! Die dritte Exzeptionalität ist Lina Loos. Eine ungewöhnliche Persönlichkeit, die ungewöhnliche Sachen vorträgt zu den Tönen einer Oboe und in blauem Mondenschein. Eine junge Dame drückt ihren Schmerz, ihre Verzweiflung darüber aus, daß der Mann nicht *romantisch reagiere.* Sie träumt von den Minnesängern und erlebt Herrn So und So. Ein echter Altenberg in besonderer Umrahmung. Man erblickt wirklich eine wunderbar anziehende und enttäuschte Frau, vernimmt direkt ihre Klage, nicht mehr nur auf dem Umwege des mitfühlenden Dichterherzens! Und diese Oboemelodie ist so poetisch. Kapellmeister Scherber hat sie erfunden. Das ganze ist gerichtet gegen die armselige Realität des täglichen Daseins. Deshalb sind alle eigentlich dagegen und fast beleidigt. Sogar für sorgenlose Kinder ist nur einmal im Jahr Weihnachten, einmal Geburtstag, einmal Namenstag. Und gar erst bei Erwachsenen? Die Feste der Seele und der Sinne sind eben selten. Die Dichter verkünden sie unentwegt, aber sie kommen nicht! Deshalb wird man resigniert und begnügt sich mit dem Pofel. Was soll man machen? Jedenfalls die träumenden Dichter nicht anfeinden, die andeuten, wessen man eigentlich bedürfte! P.A

GESPRÄCH

Ich versteh Ihnen nicht, Peter, daß Sie in Ihren Varieté-Referaten immer schreiben, die schönen Mädeln mit ›idealen‹ Beinen sollten mit *nackten* Beinen tanzen, nicht *›eingesargt‹* in altmodische, die Natur verschandelnde Trikots!? Ich bin direkt *froh*, daß in Trikots san, dös is ja schon *aufregend genug! Nackert* könnt' ma's ja *gar* net aushalten!«

»Sie müssen eben 24 laue Halbbäder nehmen mit allmählicher, kühler Rückeingießung, dann Einpackung in Flanelldecken, und eine Viertelstunde ganz ruhig liegen! Da werden Sie's dann schon aushalten! Sie sind noch *zu nervös* für die moderne *ästhetische* Welt!«

»Wie die *Person*, über die Sie so exaltiert g'schrieben haben, aufgetreten ist, hab ich meinen Fauteuil mit der Lehne extra *gegen* die Bühne *umgekehrt!* Was brauch ich mir *Gusto* zu machen, umasonst?! Geh ich denn ins Varieté, um mich *malträtieren* zu lassen?! Ich geh wegen an *künstlerischen* Genuß!«

MYOSA

Mademoiselle Myosa, das Original mit dem tiefen wunderbaren Blick, in dem direkt eine Art von fanatischer Tanzmission glüht und fiebert, ist von unbeschreiblicher Anmut. Die übrigen Tänzerinnen tanzen, aber sie ist der Tanz selbst, sie versinkt, ertrinkt im Tanzen. Sie existiert nicht mehr. Sie kann sich, auch im Leben, in nichts anderm äußern. Man hat die Empfindung: sie ißt nicht, sie trinkt nicht, sie schläft nicht, sie will kein Geld und keine sonstigen scheinbar unentrinnbaren Leidenschaften – – – sie will tanzen, tanzen, tanzen! Der Fisch will Wasser, nur Wasser; und sie will den Tanz, nur den Tanz! Sie ist das erste Tanzgenie, das ich je erblickt habe, wegen ihrer fast pathologischen Konzentration. Sie rührt und macht erstaunen. Hat Gott die Welt nur erschaffen, damit Myosa sich darin austanze?! »Ja!« sagen ihre düstern Blicke. Sie hat Bewegungen, die man noch nie bei einer Tänzerin gesehen hat, wie wenn oft ihr wunderbarer kindlicher Leib von einer inneren Macht gezwungen würde. Dabei ist sie ununterbrochen verzweifelt, daß es in diesem Vergnügungsetablissement nicht still und feierlich ist während ihres heiligen Tanzens wie in einer Kirche; sprechen, lachen, verletzt sie tödlich; ein Zug unaussprechlichen ergreifenden Leidens ist da mitten im Tanzen auf ihrem herrlichen Antlitz. Da haßt sie die Menschen und die Welt! Sie ist eine tragische Persönlichkeit, feindselig und abhold dem leichten Dasein der Stunde. Sie ist ein Phänomen, eine Einzige, eine in sich Gekehrte, starre Unerbittliche des Tanzes! Und das alles dort, wo man sich bei uns amüsieren, zerstreuen will!? Arme, arme Myosa – – –!

ERLEBNIS

Ein sehr eleganter Herr stellte sich mir im »Café de l'Europe« vor, bat mich zu Gaste samt der Tänzerin Carmen Aquileras. Er war sehr splendid und zum Schlusse bat ich ihn, doch der edlen Tänzerin bares Geld zu schenken. Da erwiderte er mir: »Mein lieber Herr Peter, ich würde mich blamieren vor mir selber, einer Frau für nichts und wieder nichts Geld zu schenken. Ich bin weder ein Trottel noch ein Dichter. Ich gebe jedoch Ihnen für die Dame hundert Kronen. Sie sind ein Dichter, Ihnen nimmt man solche Exzentrizitäten nicht übel!«

YVETTE GUILBERT

Sie ist das Wunder des Chansons, das, an und für sich nichtig, farblos, leblos, durch sie eine Fülle von Tragik, grotesken Dingen, Lieblichkeit, Koketterie erhält. Ihre Augen bereits drücken alles aus, was es an seelischen Dingen überhaupt gibt, aber auch ihre Arme und Hände sprechen überaus eindringlich. Ihre Wirkungen grenzen an das Wunder. Und diese nur andeutende Art, diese wechselnden Nuancen, der clin d'œuil, der alles sagt, was zu sagen ist. Sie allein von allen hat die Macht, ein Lied auszuschöpfen, ja, es erst in seiner Fülle zu dichten! Ganze Schicksale bringt sie in einen sinnlosen Refrain, und man staunt über das Außerordentliche, das sich da ereignet. Aus einem Nichts ein Alles machen, darin könnten alle von ihr lernen, wenn es erlernbar wäre. Le minimum d'effort et le maximum d'effet ist auch ihre Devise. Den Höhepunkt ihrer Chansons bildet unbedingt »Les cloches de Nantes«. Wie ein düsteres Schicksal erdröhnen von allen Seiten die großen Glocken in den alten Kirchentürmen. Da gibt sie sich ganz aus, bricht los, bewirkt Enthusiasmus! Die Guilbert gehört zu den wenigen Erscheinungen, die einen als etwas nie wieder in die Welt Kommendes ergreifen. Man darf es nie versäumen, sie wieder und wieder zu sehen, zu studieren, so oft sich die Gelegenheit bietet. Für mich gehören zu solchen Erscheinungen Mitterwurzer, Girardi, Hermann Winkelmann. Es sind Menschen, die nicht ersetzt werden! Ihre Macht ist nicht zu definieren, da sie irgend etwas Rätselhaftes hat. Man befürchtet stets, daß sie einmal sterben werden, und geschieht es, ist man untröstlich, hat ein persönliches Leid erfahren. Man möchte in Trauer gehen um sie. So eine Organisation ist auch Yvette Guilbert. Diseusen, ach, lernet doch von ihr das leider Unerlernbare!

HELDIN

Sie wurde ganz krank vor Erregung, als sie Battie Seeth sah mit seinen 25 Löwen. Sie bat ihren Kavalier, es ihr doch zu gestatten, zu den Löwen sich zu begeben. Er sprach also mit dem Bändiger darüber. Eines Nachts nach der Vorstellung befahl also Seeth den Löwen Achmed in die offene Arena. Achmed knurrte schrecklich, umschlich das fremde Mädchen, erhob ohne böse Absicht die Pranke. Seeth gab ihm einen leichten Schlag darauf, da küsste das Mädchen den Löwen rasch auf die Schläfe. Fertig.

Ich fragte sie, welche Empfindungen man dabei habe?!?

Sie erwiderte: »Gar keine. Man ist verloren. Man lebt schon nicht mehr. Es ist einem alles ganz gleich. Das Leben hängt so an einem dünnen Faden, dass es bereits abgeschnitten, nicht mehr vorhanden ist, vorüber. Aber das ist das Wunderbare daran. Ich möchte auf dem Turmseile tanzen ohne Rettungsnetz. Bleibe oben oder stürze! Krepiere, wenn du Balance verlierst! Ich möchte in einer Arena so reiten auf ungesatteltem Pferde, dass die Damen in Ohnmacht fielen und die Herren Stall-Meister erbleichten!«

»Das sind die Geschäftsspesen der Berühmtheit«, sagte ich.

»Nein«, sagte sie, »man riskiert ja nichts. Denn ein Leben ohne das ist überhaupt nichts wert.«

Ich fühlte: »Geborene Löwenbändigerin.«

Sie sagte: »Ich habe einen ›Freund‹. Er ist wie der Löwe Achmed. Das Leben hängt da stets an einem Faden.«

Ich begleitete sie nachts zu ihrem Hause.

Irgendwo im Dunkeln stand ein Mann mit einem Mädchen. Meine Begleiterin schlich sich an, stürzte sich auf die Rivalin und ohrfeigte sie fürchterlich.

Der Mann zog ein Messer und stiess es meiner Begleiterin zwischen die Rippen.

DER »KOBERER« (KUPPLER)

Du«, sagte der Graf zur Mitzi G., »wer hat dir denn diesen Brief an mich aufgesetzt?!«

»Aufgesetzt?! Aufgesetzt?! Wie meinen Sie das?!«

»Aufgesetzt! Selbstverständlich hast du den nicht selbst verfaßt!«

»Weshalb nicht?! Bin ich denn gar so dumm?!«

»Nein, ja. Aber diesen Brief hast *du* einmal *nicht* verfaßt!«

»Wer sollte ihn denn verfaßt haben?!«

»Das weiß ich nicht. Das weißt nur *du.* Du, Mitzerl, ich gebe dir 100 Kronen, wenn du mir den Namen nennst!«

»100 Kronen?! Gib mir 150!«

»Also 150!«

»Der *Peter!*«

»Was für ein Peter?!«

»No, der Peter, der Peter Altenberg!«

Der Brief: »Habe Dich heute nacht im ›Tabarin‹ wiedergesehen! Konnte Dich nicht ansprechen, durfte es ja doch nicht. Also, da sitzt vis-a-vis von mir *der* Mensch, der mich ein Jahr lang splitternackt unter der Bettdecke gehabt hat!? Und alles hat doch nichts genutzt!«

»Wie kommt er dazu, dir diesen Brief aufzusetzen?!«

»Ich hab zu ihm gesagt: ›Schreiben S' mir um Gottes willen so was, was ich schreiben *müßt,* wenn ich's schreiben *könnt!*«

»Also ist der Brief ja doch nur wieder von dir?!«

»Das hab ich *ja gleich gesagt!*«

Da nahm sie denn der Graf wieder zu sich.

BRITISCHE TÄNZERINNEN

Im Wiener Moulin Rouge ist jetzt eine Truppe von acht jungen Engländerinnen, die angeblich nicht viel tanzen können. Das ist aber grundfalsch und eine echt dilettantische Auffassung. Die Art, wie eine Frau ihre Persönlichkeit in Bewegung, in Tanz wiedergibt, ist das Wertvolle an ihr und an ihrer Darbietung! Das allein! Das Schreckliche an unsern frühern Tänzerinnen war eben, daß die Schulung und die Künstlichkeit ihre persönliche Grazie, ihre individuelle Bewegungsart auslöschen, vernichten mußten! In der modernen Welt wird aber die Persönlichkeit frei, und man verzichtet gerne auf die sogenannte hohe Schule! Diese jungen acht Engländerinnen, die angeblich nicht viel können, wie die Tanzmeister an den Tanzschulen behaupten, diese jungen acht Engländerinnen repräsentieren in Art und Gebärde dennoch die keusche, kindliche, merkwürdige Anmut aller englischen Mädchen und Frauen, die von Natur aus und ganz von selbst mit unbeschreiblichem Geschmack und Takt begabt sind und niemals mehr vorstellen wollen im Leben, als ihnen von Natur und Schicksal beschieden ist! Sie bleiben kindlich-herzig unter allen Umständen, in jeder Situation, in jeder Lebenslage; sie akkommodieren sich nicht feigerweise, wünschen lieber zu langweilen, als mit übertriebener Lustigkeit aufzuwarten! Sie tanzen, wie Kinder im Volksgarten, im Stadtpark tanzen würden; oder im Hofe bei einem Werkel, oder sonstwo für sich allein – – –. Sie rühren, ergreifen, und ihre Tanznatürlichkeit besiegt die entsetzliche Tanzkunst, die sich eine jede fast in emsigem Bemühen erwerben kann! Möchten wir uns doch endlich, in jeder Hinsicht, von der schrecklichen historischen Überlieferung emanzipieren, dieser Arterienverkalkung der menschlichen Seele! Es gibt heutzutage bereits einige Tänzerinnen, die nur ihr eigenes Wesen in Bewegung umsetzen, ihre persönliche Grazie allein wirken lassen! Mögen sie bei den Tanzmeistern durchfallen, bei den Meistern des lebendigen Lebens werden sie reüssieren. Diese acht jungen Engländerinnen tanzen wie die allerherzigsten Kindchen, sie rühren und ergreifen, sie geben sogar eine Idee von Englands Frauen überhaupt! Seien wir ihnen vor allem dankbar, daß sie uns die manierierten, affektierten, berechnenden Frauen noch unausstehlicher machen durch den Kontrast!

»Ich hole mir eine arme englische Tänzerin zur Frau«, sagte einmal ein genialer welterfahrener Mann zu mir.

»Bravo«, erwiderte ich, »aber wissen Sie auch, weshalb Sie das tun?!?«

»Es sind kindliche und dankbare Geschöpfe, die es einem nie vergessen, daß man sie errettet hat vor dem und jenem, was immerhin passieren könnte. Außerdem ist ihnen der sichere Ehrentitel ›Missis so und so‹ wertvoller als die flüchtigen Triumphe, denen Enttäuschung auf dem Fuße folgt!«

Ich glaube, die anständige, angeblich temperamentlose Engländerin macht das bessere Geschäft auf Erden, als die leichtsinnigen, lebensunkundigen andern. Anständigkeit ist Willenssache. Aber diesen Willen eben haben wollen, in allem und jedem, ist Kultur und Adel. Die Engländerin will eben anständig sein! Möge sie daher Frieden, Achtung und Sorglosigkeit einheimsen! Man gönne es ihr...

GARTENTHEATER IN DER »KUNSTSCHAU«

Elsa Wiesenthal gewidmet, der Tänzerin!
Oskar Wildes »Geburtstag der Infantin«

Es ist unter freiem Himmel. In einem abendlichen Garten. Wie gut man atmet. Auf einem schneeweißen Thronsessel mit einem großen goldenen Polster, in einer schneeweißen Nische thront die jugendliche Infantin. Man will ihr manches bieten an ihrem Geburtstage. Sie und ihr Hofstaat weinen bei den Darbietungen eines Puppentheaters. Dann bietet man ihr einen buckligen tanzenden Zwerg. Dieser gerät in Ekstase, und die jugendliche Infantin wirft ihm gerührt eine Rose zu. Da ist er verloren, verloren. Es ist unser aller Schicksal! Wir entzünden uns, brennen, glühen, man wirft uns eine Rose zu, nimmt uns dennoch nicht ernst. Wir sterben da ab, verlieren unsere

Schwungkraft der Seele, unsere Begeisterungsfähigkeit. Man hat uns gemordet und wir leben fürder ein Leben, das nicht das unserige mehr ist! Ohne es zu wissen, daß wir wie verkrüppelte lächerliche Zwerge wirken, tanzen wir leidenschaftlich ununterbrochen vor Prinzessinnen des Lebens! Immer werfen sie uns, momentan impressioniert, ja sogar ein wenig gerührt, die Rose zu. Sie halten es für den »Höhepunkt unseres Schicksals«! Aber wir »übernehmen uns«, knüpfen »falsche, unrealisierbare Hoffnungen« daran. Da bricht uns denn das dumme Herz, wie dem grotesken mißgestalteten Zwerge. – – – Alle diese Dinge wurden uns also plausibel gemacht auf einer kleinen, ganz offenen Bühne, unter freiem Himmel, in einem Garten, an einem lauen Juniabend. Elsa Wiesenthal mimte wunderbar die jugendliche Infantin, eine »Kindliche«, die bereits »Zerstörung« verbreitet infolge ihrer frauenhaften Macht, wenn auch erst im Keime. Sie war unübertrefflich, dieses schöne Kind, mit der verheerenden Macht, schlummernd in ihr wie der Giftzahn der jungen Kreuzotter, der noch nicht vorhanden ist und dennoch zu wachsen beginnt! Grete Wiesenthal mimt den unglückseligen Zwerg. Nicht anders könnte man es sich vorstellen, daß ein Verkrüppelter – und wer wäre es nicht einem idealen Lichtbilde gegenüber – tanzte in rührend-grotesken Verrenkungen, sein armes Bestes leistend und dennoch unfähig, zu erobern, zu bezwingen, da ihm die göttliche Anmut fehlte!? Es war ein Drama des Krüppels, dieses Tanzen, es war die Tragödie unser aller, die wir als Verkrüppelte tanzen vor unseren Lichtgestalten! Die Infantin wirft ihm daher eine Rose zu, wie sie uns allen Rosen zuwerfen, aus Laune, Übermut und Leichtsinn! Unser Herz keineswegs bedenkend und uns zerbrechend wie wertloses Spielzeug! So tragierte Grete Wiesenthal den Zwerg. So tragierte Elsa Wiesenthal die Infantin! Und die edle, vornehme, herrliche, gutmütig-strenge Obersthofmeisterin des Fräulein Baronin Wieser! Und alles das unter freiem, lauem, abendlichem Himmel. Die Musik schmiegte sich an. Die Kostüme sind herrlich. Besonders das hellgraue der Hofdame. Diese Hofdame, Fräulein Wieser, spielte ganz außergewöhnlich. Sie erinnerte mich an meine vergötterten Gouvernanten aus meiner Kinderzeit. Sie war so verständnisvoll für die Kindlichkeiten der Kindheit, und zugleich so edel besorgt um kommende Entwicklungen, ohne es sich es direkt merken zu lassen – – –.

Es war eine Gartenvorstellung an einem lauen Juniabend, und Oskar Wildes Pantomime wurde in herrlichen Kostümen dargestellt von Grete, Elsa Wiesenthal und Fräulein Baronesse Wieser. Alles in allem ein bedeutsamer Keim zu künftigen Entwicklungen. Möge ein jeder nur so wenigstens weiterbauen an den Dingen, die da kommen werden – – –! Reife braucht Zeit und günstigen Regen, Sonne und Freiluft. Zum Gedeihen aber gehören hundert günstige Konstellationen! Heil *Elsa Wiesenthal!*

TANZ

Elsa Wiesenthal, schlichte, rätselhafte Naturkraft, wie Rittner, Mitterwurzer, Girardi, bringst du uns nun wieder den Geist, der geheimnisvoll, diskret verborgen in den Dingen lebt?! Bringst du uns wieder Hoheit, Ruhe und Würde in deinem adeligen Tanzen?! Oder hast du dich vom »Geist« verführen lassen wie alle, die der geistvollen, geistleeren Herde sich verständlich machen wollen?!? Gib uns nicht mehr, als was *du* kannst und *deine* Kunst! Sei eine schweigende Fürstin des Lebens, die lieber unverstanden dahingleitet, als scheinbar verständlich Leidenschaft markiert! Sei du mit deiner süßen merkwürdigen Schwester Berta, wie einst ein edles Beispiel, wie man aus einem Nichts ein Alles macht!

DIE AUFFASSUNG

Ich schrieb in die Zeitung über die süße Tänzerin Hedi Weingartner, sie repräsentiere in allem und jedem die herzige Wienerin. Der Schluß lautete: »Und dennoch, bei aller Lustigkeit, innerlich dennoch tief traurig! Worüber?! Fraget *Franz Schubert* und *Hugo Wolf!*«

Mein junger Zimmerkellner sagte zu mir: »Jessas,

das war wieder schön, was Sie über die Wienerin g'schrieben haben. Und die G'schicht mit dem Herrn Wolf und dem andern Herrn!«

»Wie ist das?!« fragte ich.

»No, die zwei Herren, die das arme Madl stehn g'lassen haben!«

»Nein, das sind zwei längst verstorbene berühmte Wiener Liederkomponisten, die äußerlich lustig und in ihren Liedern dennoch tieftraurig gewesen sind!«

»Aha ... so ist das aufzufassen! Herr von Altenberg, aufrichtig gesprochen, *meine* Auffassung g'fallt mir besser!«

LA ZARINA

A. L. und P. A. sahen sie zum ersten Male in dem Auslagekasten für Photographieen am Kohlenmarkt. Sie starrten schweigend das Vollkommene an, begannen sogleich alle Frauen zu hassen, die bisher in ihren Lebensweg getreten waren und verachteten sich selbst, dass sie es hatten so billig geben können. La Zarina!

Ganz befreit von dem bisherigen entsetzlichen Lügedasein schritten sie nun dahin. Sie hatten das Vollkommene erblickt, wussten nun endlich, woran sie waren.

Eines Nachts sassen sie im Café R. und starrten La

Zarina an, die mit drei Adeligen Champagner trank und unbeschreiblich liebenswürdig sich gebärdete, direkt edelste Menschenfreundlichkeit überallhin ausstrahlte. Als sie wegging, blieben sie wie berauscht zurück, hinweggetragen über das Alltägliche, also in einer anderen Sphäre!

Dann sahen sie sie nicht mehr wieder und lasen nur in den Zeitungen die Clichés von Reklamenotizen, da sie bei Ronacher Poses plastiques stellte. Sie gingen niemals hin. Sie fühlten: »In Kleidern, Süsse, sahen wir dich bereits nackt, Vollkommene! Konzessionierte, censurierte Nacktheit jedoch von drapfarbiger Seide Gnaden?!? Kleider sind Phantasie der Wahrheit. Doch seidenes Tricot ist Wahrheitsfälschung!«

Dann sah P. A. sie einmal noch weiss in weiss in einer Prosceniumsloge in einem Theater. Dies meldete er seinem Freunde. Dieser war ganz ergriffen und bewegt. Da sassen sie denn, tief bekümmert, beim Souper, erfüllt von Träumen und Begeisterung. Sie gaben infolge aller dieser Ereignisse ihren treuen süssen Freundinnen den Laufpass, schrieben kurzweg ab, infam, brutal: »Das Unzulängliche mordet uns ...«, schrieben sie, »adieu ...!«

Dann kauften sie ein grosses Glücksschwein aus grünem Thon mit einer Spalte, warfen ein jeder eine Krone hinein, vorläufig.

Wenn La Zarina einst verarmen sollte und verkommen ...!

Aber La Zarina verarmte und verkam nicht.

Immer jedoch sammelten die Freunde noch getrost.

Drei grüne Glücksschweine aus Thon waren bereits angefüllt mit silbernen Kronenstücken. Es war der heilige Schatz für die sicher einst verlassene, enttäuschte und zerpflückte süsse La Zarina. Es waren 70 Kronen vorhanden für Schicksals unberechenbare Wege!

Aber La Zarina erhielt einen Millionär, wurde nicht zerpflückt, stieg höher, höher, wurde sogar geheiratet.

Da feierten denn endlich eines Nachts die beiden Freunde ganz in der Stille ein Fest zu Ehren der Dame, die ihrer niemals bedurft hatte. Den ganzen silbernen Inhalt der drei Glücksschweine vertranken sie in Veuve Clicquot. Bei jeder Flasche sagten sie nur sanft und leise: »La Zarina!« und erhoben sich von ihren Sitzen.

Schliesslich waren sie ganz betrunken und hielten es für einen ganz passenden Abschluss dieses Liebesabenteuers, ja sogar in jeder Beziehung für den passendsten. Zum Schlusse schrieben sie natürlich eine Ansichtskarte an La Zarina, mit einem Texte, den sie bereits für die Chantant-Kaiserinnen Othérô, Cléo, Billie Burke, Elise de Vère, Minnie Ashley und Mage Lorrison-Osborne verwendet hatten.

Der Text dieser Karte lautete: »Es ist nicht wahr, dass Gott die Menschen nach seinem Ebenbilde schuf! In dieser Weise schuf er einen einzigen Menschen … La Zarina!«

Da sie die Adresse nicht kannten, schrieben sie in idealer Zuversichtlichkeit:

»An

La Zarina

in

Europa.«

»La Zarina in Europa ...« sangen sie laut durch die stillen Strassen auf dem Heimwege. Die Passanten blieben stehen und sagten: »Halt's Maul!«

BRIEF AN MITZI VON DER »LAMINGSON-TRUPPE«, DÄNIN

Liebes, liebes Fräulein Mitzi von der
»Lamingson-Truppe«!

Ich weiß es nicht, wie lange Sie noch in Wien und hier im »Casino de Paris« bleiben werden, und eines Tages können Sie fort sein, fort auf Nimmerwiedersehen, irgendwohin in die lustige oder traurige Welt der Künstler, der Artisten, tausend und tausend merkwürdigen Schicksalen und Begebenheiten ausgesetzt!

Mögen Sie es daher wissen, daß ein alter armer glatzköpfiger uneleganter Dichter Ihnen nachweinen wird und Ihre herrliche liebliche wundervolle Persönlichkeit gleichsam im Innern seiner Augen aufbewahren wird, lange lange lange Zeit – – –.

Man vergleicht oft junge Mädchen mit schlanken Rehen im Walde, aber niemals, niemals hat ein Vergleich so sehr gestimmt! Sie sind das schlanke rührende edelbeinige Reh, nicht ahnend, woher der Schuß eines grausamen Jägers kommen wird im Waldesfrieden – – –.

Ihre lieben lieben, beim Lächeln zusammengezwickten Augen, werde ich nie nie vergessen, nie Ihre blondbraunen Haare, Ihre aristokratisch-noblen Glieder, Ihre edelgebogene und dennoch rechtzeitig abstumpfende Nase, Ihren süßen Mund!

Wenn Sie fort sind, Mitzi, Fräulein Mitzi, wird es mir sein, wie wenn mir jemand ungeheuer Liebes gestorben wäre, und ich werde Ihnen nachtrauern und um Sie besorgt sein!

Ihre außergewöhnliche Schönheit, Ihr Leib, der wie das zarte Gedicht eines Dichters ist, haben mich tief, tief gerührt; und ich möchte, daß junge, reiche elegante Männer mit derselben Ehrfurcht vor Ihrer lieblichen Herrlichkeit sich innerlich verneigen können wie ich alter Mann.

Man müßte Sie betreuen und beschützen wie einen kostbaren lebendigen Gegenstand, man müßte für Sie sorgen bei Tag und bei Nacht. – – – Mit liebevollster Fürsorge!

Lächeln Sie nicht, wenn Sie diese Zeilen lesen, Ihre Härte könnte mich nicht verwunden, nicht verletzen – – –.

Ich bete zu Gott, daß Sie glücklich werden, Sie Allerlieblichste!!!

Peter Altenberg.

BRIEF EINER ENGLISCHEN TÄNZERIN AUS ROM AN PETER

Wir haben hier gewesen heute für das erstemal in St. Peter-Kathedrale. Ich weiß, Sie waren nicht sehr gesund, Herr Peter, zu der Zeit, als wir wegreisten von Wien. Ich weiß es gewiß, Sie würden ganz ganz gesund, wenn Sie würden sehen St. Peter-Kathedrale! Man vergißt da auf alles. Es gibt keine Liebe mehr und keinen Schmerz mehr. Man ist ganz verändert. Man ist näher zu *God*, als man ehe bevor war! Man möchte wegfliegend sein, out of all stupidities and meannesses of the human life! Ich glaube, Sie würden gesund werden können in St. Peters Kathedrale.

Abends mußte ich tanzen in dem »Vergnügungs-Etablissement«. Aber meine Beine sind diesmal gewesen wie Blei – –.

Lilie Romaine.

EIN GESCHÄFT

Darf ich mir die ganze Schachtel nehmen?! Ich rauch' die so riesig gern – – –«, sagte sie zu mir.

Ich war verzweifelt. Ich betete das süsse, anmutige

Geschöpf an, während jedoch die ganze Schachtel »Chelmis Ramses« im Café zehn Kronen kostete, Trafik acht Kronen.

»Ja, nehmen Sie die ganze Schachtel!«

Als ich die Zigaretten dem Kellner des eleganten Nachtcafé bezahlen wollte, sagte er: »So ein Mistviecherl; nimmt Ihnen gleich eine ganze Schachtel weg!«

»Nun«, sagte ich, »da haben Sie die zehn Kronen. Was kümmert es Sie?!«

»Nein«, sagte der Kellner, »die Sache ist so, die Dame hat mir die Schachtel sofort für zwei Kronen weiterverkauft. Morgen verkauf' ich sie wieder für zehn Kronen, folglich schulden Sie mir nur die zwei Kronen, die ich der Dame bezahlt habe!«

Ich war selig. Ich sagte: »Sie, ich lasse mir von Ihnen nichts schenken, verstehen Sie mich?!«

Er: »Das würde ich auch gar nicht wagen. Aber ich habe es Ihnen vorgerechnet!«

»Ja, aber weshalb tun Sie denn das für mich?!«

»Herr Doktor, ich kenn' Sie schon so lang, Sie sind ja auch schon quasi von unserm G'schäft. Herr Doktor, wir müssen zusammenhalten gegen diese Mistviecher!«

So hielten wir denn zusammen gegen die Mistviecher, wobei ich ganze acht Kronen ersparte.

KABARETT »FLEDERMAUS«

6. März 1908

Das März-Programm ist noch nicht ganz herausgekommen. Als besonders ist zu erwähnen Hollitzers »Fauler Landsknecht«, Gedicht vom Prinzen Schönaich-Carolath, Musik von Kapellmeister Scherber. Hollitzer singt das tiefernste Lied fast ohne Bewegung in einer echten alten Landsknechtrüstung. Man ist ergriffen, weiß nicht, wodurch. Es ist wie das Verhängnis. Man ist gepanzert und bewehrt, aber das Herz ist ungepanzert und weint. Ein düsteres Erlebnis, dargestellt fast ohne jede Bewegung. Ein Kunstwerkchen, ein allerliebstes, ist Amalia Nagel, die Fünfzehnjährige, als Dirndl in einem Alt-Linzerischen Kostüm mit Goldhaube, ein altösterreichisches Lied vortragend. Sie ist unbeschreiblich diskret in Bewegung und Mimik, künstlerisch sparsam und edel zurückhaltend, eine zarte, aber *vollwertige* Persönlichkeit! Sie hat bereits von selbst keinerlei Mätzchen, sondern eine anmutige Nonchalance, die bezaubert. Möge sie sich um Gotteswillen nichts dazu einlernen lassen! Vorläufig besitzt sie von selbst höchsten Takt und Geschmack. Man muß sie loben, damit sie sich ja nicht verändere, denn unter Hunderten ist sie allein eine Persönlichkeit! Sie ist eigentlich das allerbeste, was es an »Wiener Sängerin« gibt. So jung sie ist, ist sie ein vornehmes Überbleibsel von vergangenen Zeiten, so 1850 ungefähr. Wenn sie nur den Mut behält, sie selbst, ganz sie selbst zu bleiben!? Das wäre wirklich wunderschön. Eine neue Szene: »Die Wohltäter«, ist eine Satire auf die harten Herzen und ist gedacht wie eine *lebendig* gewordene Illustration von Gulbransson im »Simplicissimus« samt Text. Man liest eine Seite besten »Simplicissimus«, oder vielmehr man *erlebt* sie, statt sie zu *lesen!* Diese *ausgezeichnete* Intention ist nicht ganz erreicht worden, obzwar sehr wenig dazu noch fehlt. Die Gestalten des Professors, des Pastors, des Einjährigen sind besonders gut. Jedenfalls ist es eine neue Anbahnung, Karikaturen, in kurze bedeutsame Szenen umgewandelt, lebendiger »Simplicissimus«! Ein wundersam feines Quartett von Kapellmeister Scherber, »Die schöne Dorothee«, gesungen von Scherber, Lebrun, Koppel, Horace, meisterhaft inszeniert von Hollitzer, ist für viele der Höhepunkt des Abends. Es ist wirklich etwas Vollkommenes, Musik, Spiel, Gesang und Milieu. Dr. Egon Friedell trägt leicht, eindringlich und trocken wirkungsvoll eine seiner humoristischen Skizzen »Die Regieprobe« vor und bringt als Zugabe Altenberg-Anekdoten, die den Dichter zwar als Halbidioten, aber immerhin ganz richtig charakterisieren. Das März-Programm ist überaus reichhaltig. Ich habe mir da nur meine »Perlen« herausgefischt.

P. A.

JOURNALISTIK

»Mein lieber Altenberg, ich weiß es, weshalb Sie mich heute so eigentümlich kühl und gereizt begrüßen!«

»Ich habe Bauchschmerzen.«

»Nein, das ist es nicht. Wir haben in Ihrem gestrigen Varieté-Referat drei Worte ausgelassen. Aber die Sache erforderte es leider. Wir haben eine kleine Sitzung abgehalten, und erst nach reiflicher Überlegung haben wir die drei Worte aus ihrem werten Referate eliminiert, ich persönlich hätte nichts dagegen gehabt, daß sie blieben! Sie schrieben in Ihrem werten Referate: ›Die Musik ist von einem bisher *Gott sei Dank* Unbekannten.‹ Die drei durchschossenen Worte ›Gott sei Dank‹ konnten, durften, wollten wir nicht bringen, es war zu scharf, zu radikal, zu wahr! Werden Sie es uns nachtragen, Peter?!«

FLUCH DER SCHÖNHEIT

Mlle. C., der Star des *Théâtre des Nouveautés*, konnte monatelang nicht mehr auftreten.

Es war wegen des fünften jungen Mannes, der sich ihretwegen umgebracht hatte.

Sie fühlte sich vollkommen unschuldig an diesen Morden, die sie bewirkt hatte.

Aber das Verhängnis ihrer Macht und ihrer Wirkung begann die Edle zu erdrücken – – –. Sie tat nichts, sie wollte nichts, sie beanspruchte sogar nichts, und alle boten ihr ihr Leben an, mit dem sie absolut nichts anzufangen wußte; vor allem aber diese schrecklichen, schmählichen Enttäuschungen, die sie naturgemäß dem bereiten hätte müssen, der ohne sie nicht weiterleben zu können glaubte!

Er hätte sie zu hassen begonnen – – –.

Sie verstand ihre Macht und ihre Wirkung nicht und konnte nichts dafür, daß fünf blühende, vielleicht sogar wertvolle Organisationen um ihretwillen zugrunde gehen mußten.

Sie hatte eine ungeheure Bescheidenheit über sich selbst, und sogar wenn sie allein in ihrem Zimmer vor dem Spiegel splitternackt sich betrachtete, makellos, konnte sie es nicht begreifen, daß man deshalb allein ein schönes, angenehmes, reiches, wertvolles Dasein zertreten, zertrümmern hatte müssen – – –.

So wurde sie allmählich traurig über ihre perniziöse Macht und schreckliche Wirkung auf sehr nette, junge Leute, und man machte ihr auch Vorwürfe, die sie gar nicht verstand. So zog sie sich denn zurück aus einem Leben, das ihr grundlos nur tiefe Unannehmlichkeiten bereitete – – –.

AUS DER »BRIEFSAMMLUNG P. A.«

An die edlen Damen Vere und Vallérie Neale, amerikanische Rollschuhkünstlerinnen im »Sportpalast« im Prater!

Ich bin ein Enthusiast für Ihre Bewegungsanmut. Vor allem sehe ich, wie alle anderen *dahinkriechen.* Sie haben beide fast den Flug des Vogels, das Schwimmen des Fisches! Aus körperlicher Leichtigkeit erblüht die geistig-seelische, also die sogenannte »innere Anmut«, ferner Wohlwollen, Gutmütigkeit und die guten Manieren. Sie beide haben höchste Achtung vor der Elastizität dieses Kunstwerkes »Menschenleib«; Sie werden es nie durch niedrige Gedanken, Haß, Neid, zu schwächen, zu entkräften, schwerfällig zu machen suchen! Ihre wunderbaren Bogen zu laufen nach aus- und einwärts mit demselben Fuße ohne anzutauchen, ist Ihnen wichtiger als sich wegen der Gemeinheit der Nebenmenschen zu erbittern und so zu schwächen! Der »elastische« Organismus will *elastisch* bleiben. Er hat sonst zuviel zu verlieren! Aber diese anderen alle haben kein »göttliches Gebäude« zu schonen, zu bewahren! Ob Ruinen abbröckeln, ist gleichgültig! Wie der Wanderfalke fliegt und herabstößt, wie die Schwalbe dahinrast, wie die Forelle dahinschießt und sofort stille steht, so vermögen Sie beide adelige Schwestern sich zu bewegen. Da wird man denn tief ergriffen, wie einfach bei jeder seltenen *Vollkommen-*

heit! Möge es Ihnen gut ergehen in dieser *»Schwierigkeit«* Leben!

Für die »unzulänglichen« Exemplare, die ihre schändlichen Unbeweglichkeiten mit kostbaren Kleidern zu bedecken, zu verdecken sich bemühen, habe ich nur Hohnlachen und Verachtung!

Vere and Vallérie, God save you!

Peter Altenberg.

CLEO DE MÉRODE

Cleo de Mérode, du bist ein Paradigma der *ästhetischen Kraft*, sich äußerlich *individuell* zu gestalten, seine exzeptionelle Art auch nach außen hin künstlerisch zum Ausdruck zu bringen – – – Dein edler aristokratischer Nasenrücken, deine adelige Stirne, deine Augen, die Linien deines Kinnes schrieben es dir gleichsam vor, mit der öden Alltäglichkeit zu brechen und eine neuartige Umrahmung deines Edelhauptes vermittels dieses wunderbarsten Schmukkes »Haare« zu komponieren!

Es sind »spielerische Kleinigkeiten«, Niaiserien, für den Philister! Aber der Künstlermensch spürt darin bereits den gleichgearteten Künstlermenschen!

Zu allem Wertvollen gehört schließlich auch organisch (dieses Wort reite ich zu Tode) das Dekorative desselben, eine *organische* Mise-en-scène.

Zur musikalischen Nachtgartenstimmung in »Tristan und Isolde« gehört die Dekoration Rollers, diese liebereiche Nachahmung der mysteriös-poetischen Natur, die gleichsam *mitwirkt, mittönt!*

»Ich liebe die Form deines geliebten Hauptes mit den glatt gescheitelten Haaren – – –«, sagte der Künstler, »und mein Schmerz ist, daß die anderen es nicht *beachten*, es *für nichts achten!* Es ist doch so viel, bereits einen wohlgeformten Schädel zu besitzen – – –«

Cleo, du bist wie eine lebendig gewordene wertvolle Kamee! Und die Zeit kann dir kein Leid antun!

Das sind seltene künstlerische Dinge in dieser sonst öde gleichmäßig uniformierten feigen Menschheit! Heraustreten dürfen durch etwas Exzeptionelles, das sich berechtigt macht durch eine *besondere Vollkommenheit*, ist der Weg zu einer Weiterentwicklung der Menschheit überhaupt!

Wer die »konventionellen Formen« sklavisch einhält, weiß genau, *weshalb er es tut.* Es fehlt ihm eben das *Besondere*, das ihn *innerlich berechtigte*, gezogene Grenzen in Freiheit zu *überschreiten!*

»Ich will nicht auffallen« heißt »ich *darf* nicht auffallen«. Es gibt Menschen, die sich eben *exponieren* dürfen, dem *Spotte*, der *Begeisterung*, gleichviel! Cleo, wie eine lebendig gewordene Kamee bist du, herausbefördert aus den Schätzen des Altertumes! Und dazu diese eigentlich tiefste aller Frauengenialitäten: *»nicht altern«!* Das, was sich alle, alle Frauen erträumen, seine eigenen Schönheitsmöglichkeiten bewahren können, über den unbesiegbaren Todfeind »Zeit« dennoch zu siegen, das erschaut man an dir gerührt, Cleo! Dabei tanzest du sanft und eigentlich lässig, wie eine Gräfin am Brettl tanzen würde! Du bedarfst keiner Entfettungskuren, denn dein körperlicher Adel schützt und schirmt dich von selbst! Du führst den modernen Frauen gleichsam ihr ersehntes Idealbild vor und in diesem Sinne bist du Künstlerin!

ARTISTISCHE RUNDSCHAU, WIEN

D*jellah.* Über diese Künstlerin wollen wir einem berufenen Fachmann und zwar dem Altmeister *Peter Altenberg* das Wort lassen, welcher folgendes schreibt:

Es ist sehr schwer für mich, über den »Clou« des Etablissements »Tabarin« zu schreiben. Denn es ist geradeso, wie wenn man sein eigenes Kindchen zu loben hätte öffentlich. Und stets betrachtete ich diesen speziellen Typus von adeliger, schlankster brauner Frauenschönheit als meine geliebten vergötterten Kindchen. Ich meine in diesem Falle die malayische Tänzerin Djellah. Nicht was sie kann, was sie ist, ist ihr Besonderes! Ihr Sein, die Form ihrer Glieder, der Ausdruck ihrer Augen, die Modellierung von Stirn und Nase, die Farbe ihrer Haut, die Zartheit ihres Wesens ist ihr Besonderes. Man würde sie ebenso verehren, wenn sie langsam durch Lianenwälder schritte, oder in einem kleinen Rindenboote säße, oder in einem Dorfe vor einer niederen Hütte kauerte – – – Sie repräsentiert eine *andere* Welt, eine schlanke, biegsame braune Welt, erfüllt mit natürlicher Anmut und sanfter Bewegungsfreudigkeit. Die unbeschreibliche Schönheit ihrer gelbbraunen Beine zu schildern, wäre geschmacklos. Vor Idealen verstummt man, falls man nicht ein ganzes Feuilleton darüber zu schreiben den ehrenden Auftrag erhalten hätte. Da freilich muß man loslegen, coute que coute. Djellah ist in der Richtung der herrlichen Ruth St. Denis; nur leidenschaftsloser, weniger prunkvoll, selbstverständlich, ohne Cobragiftdekoration. Um so edler und wertvoller. Bei uns kümmert man sich leider noch immer viel zu viel um das »Können« von Menschen, als ausschließlich um ihr »Sein«. Das Erlernbare ist »erlernbar«, aber vor dem »Unerlernbaren«, in jeglicher Richtung, da müssen wir »Habt Acht« stehen und ehrfurchtsvoll salutieren. Heil Djellah – – –! Können, erlernen, ist gar nichts; aber es von Schicksals Gnaden mitbekommen haben, Glieder, Hände, Füße, Gelenke, Teint usw. usw., das ist das wirklich Besondere auf Erden – – –! Da beginnt nämlich die *physiologische Aristokratie!*

TOPE

Ich dichte hie und da auch Toiletten. Immer nur für eine einzige Dame. Sie ist natürlich lang und ganz schlank, wie ein Marathonsieger, hat eine Stumpfnase, Gott sei Dank großen Mund und starke Lippen, hechtgraue Augen, rotbraune Haare und anliegende papierdünne, edelgemuschelte Ohren. Hände und Füße sind lang-schmal. Sie sieht aus wie eine junge slowakische Bäuerin, an der der adelige Gutsherr mitgearbeitet hat.

Ich entwarf die Toilette Tope (Der Maulwurf): Ein seidendünner maulwurfgrauer Samt (Pan), die Bluse ohne Naht, nur wie ein zusammengelegtes Tuch, aber lang. Ein Gürtel, riesig breit, aus dunkelgrauen und weißen Glasperlen, riesige Schließe aus oxydiertem grauen Silber. Riesige kugelige graue Perlmutterknöpfe. Der Rock vollkommen bis hinab zum Zuknöpfen, mit denselben Riesenknöpfen. Grauer Sombrero mit grauem breiten Lederband und weißer, an der rechten Seite herabwallender Straußfeder. Grauer Seidenschirm mit grauem dicken Perlmuttergriff. Grauseidene Strümpfe, graue Antilopenhandschuhe, graue Schuhe aus mattem dünnem Leder.

Ich sagte zu der Dame: »Machen wir zusammen ein Gedicht –.«

»?!?«

»Ich komponiere eine Toilette, und Sie tragen sie. Das ist das schönste Gedicht!«

DAS KINO

Ich schleudere hiermit meinen Bannfluch gegen *alle jene*, die in »bestgemeinter Absicht« oder aus Geschäftsinteresse, sich in neuerer Zeit *gegen* die *Kinotheater* wenden! Es ist die beste, einfachste, vom öden *Ich* ablenkendste Erziehung, besser jedenfalls, tausendmal besser als die bereits als »freche Gaunerei« entlarvte »Kunstdarbietung«, ausgeheckt in ehrgeizigen, verdrehten Gehirnen und präpariert für den »seelischen Poker-Bluff«; infame Düpierung *einfach-gerader* Menschenseelen! Im Kino *erlebe ich die Welt*; und selbst die erfundenen Sketches sind schon, der Natur der Sache nach, auf *edel-primitive* Wirkung hin gearbeitet, Seelenkonflikte à la »3 und 2 macht 5«, nicht aber absichtlich 6 oder 7! Das Volk *soll sich erheben für die Kinotheater* und sich nicht neuerdings in kleinsten und belanglosesten Angelegenheiten *beschwatzen* und *betören* lassen von den *»psychologischen Clowns«* der Literatur! Meine zarte 15jährige Freundin und ich, 52jähriger, haben bei dem Natursketch: *»Unter dem Sternenhimmel«*, in dem ein armer französischer Schiffzieher seine tote Braut flußaufwärts zieht, schwer und langsam, durch blühende Gelände, heiß geweint! Wehe euch, deren *»trockenen Geist«* wir *»trockenen Herzens«* angeblich begeistert *genießen* müssen! Wir *müssen* und *wollen nicht!*

Ein »berühmter Schriftsteller« sagte zu mir: »Wir sind jetzt unter uns, was finden Sie eigentlich Besonderes an den Kinovorstellungen?!?«

»Nein,« sagte ich, *»wir* sind *nicht* unter uns, sondern *Sie* sind *unter mir!«*

MEINE FILMS

Ich habe *Erna Morena* gesehen in *»Die weiße Rose«* und jetzt kürzlich in *»Höhenrausch«*, Tuchlauben-Kino. Sie ist die beste, modernste, diskreteste, zarteste, rührendste von Allen, Allen! Sie allein hat dieses seit der »Marlitt« viel mißbrauchte Epitheton ornans: *»Sprechende Augen«!* Sie allein ersetzt durch milde sanfte edle *Geste* das schnöde *Wort!* Sie spielt »zerstörte Frauenseelen«, nein, sie *ist* es! Wie sie *in* ein Zimmer tritt, *aus* einem Zimmer wegwankt, wie sie eine Türe zum letztenmal leise schließt, wie sie zitternd *zusammenfällt,* das ganze »Verhängnis« der *überzarten* Frauenseele, das erlebt, erleidet sie. Wie wenn sie ihr eigenes adeliges Innenleben da photographieren ließe! Ihre Augen, ihre *Hände*, ihre Finger sind das *Vollkommenste*, was es *überhaupt* hienieden gibt! Nur *solche* Frauen *können, dürfen, sollen* besondere Schicksale des Lebens der Seele *darstellen,* denn den Anderen *glaubt* man es ja doch beim besten Willen nicht! Ihre Gestalt ist mimosenhaft, elfenhaft, biegsam-kränklich, zwischen *Lebendsein* und *Baldverlöschen* schwankend! Wenn sie abends sich im Soiree-Gewande aus dem Berg-Hotel schleicht auf die Holzbrücke, die den Bergbach überspannt, um den Berg zu sehen, wo sie »etwas Anderes« findet wie in ihrem *Salon-Leben*, wenn sie ihre allerzartesten Hände auf das Geländer aufstützt, so voll, so voll von weinender Sehnsucht – – – Schluß des zweiten Aktes!

RESTAURANT PRODROMOS

Ein Restaurant ersten Ranges, von einem modernen Architekten unerhört einfach-primitiv, aber zugleich aristokratisch-apart eingerichtet. Es wirken in der Küche in idealer Gemeinschaft ein französischer Koch und ein junger Arzt, Diätetiker, Hygieniker, und der Dichter. Jede Speise ein unerhört leichtverdauliches Gedicht für den Verdauungsapparat! Lauter Speisen, die in drei bis fünf Stunden verdaut sind ohne Rückstände! Reiche Stoffwechselkranke, Nervenkranke, Magenkranke, Darmkranke würden hier ein absolut sicheres Asyl finden! Die internationale Püreemaschine würde auf jedem Tische stehen. Einige Umdrehungen, und jede Speise hat die Konsistenz erhalten von Erdäpfelpüree, Erbsenpüree! Schöne Zähne sind eine ästhetische Angelegenheit, aber man soll sie nicht gebrauchen! Den Speisen ihre Seele ausziehen, ihr Wertvollstes, und das Unverdauliche den Hunden, den Schweinen! Kein Essig, sondern Zitrone! Ganz, ganz neue Zusammenstellungen. Zum Beispiel durchpassiertes Kalbfleisch in Eiersauce. Pürees und Saucen in noch nie dagewesenen neuen Verbindungen! Man kann sich krank essen und bleibt dennoch gesund! Die Diätetik eine reale Romantik geworden! Erfüllbare Ideale! Die Zähne haben ihre miserable dilettantische Zerkleinerungstätigkeit einzustellen, sobald die internationale Püreemaschine ihre Dienste ideal ersetzt. Man putze sie und halte sie als Kunstwerkchen in Ehren! Der Edelmaschine darf man nicht Lasten aufbürden, sondern muß sie ihr zu ersparen suchen! Das Kindchen saugt an der Mutterbrust, und die müde und nervös gewordene Menschheit will desgleichen! Jeder komplizierten Maschine sucht man die Widerstände so viel als möglich zu ersparen; nur dieser unglückseligen und allerherrlichsten Maschine: »menschlicher Verdauungsapparat« nicht! Weshalb?! Gründet das Restaurant Prodromos! Es soll eine Oase werden. Nach jeder Mahlzeit kann man sich hinlegen auf ideale Ruhestühle, was riesig wichtig ist! Es gibt Zimmerchen, in denen man, wenn auch nur für zehn Minuten schlafen kann! Eine Regenerationsanstalt, als Restaurant geführt. Ein Gasthaussanatorium! Teuer, aber fast kostspielige Kuren ersetzend! Weshalb warten mit der Ausführung?! Gibt es denn keine Idealisten, die dennoch verdienen möchten?! Sind denn das Gegensätze, um Gotteswillen?! Was sollte denn reellerweise eigentlich belohnt werden auf Erden als der wohlverstandene Idealismus?!? Gründet das Restaurant Prodromos! Und gedenket meiner, des Urhebers!

TRINKGELDER

Alles kann sich in diesem Leben verändern, verbessern (*παντα ρεῖ*), nur nicht die *Trinkgeldfrage.* Denn wie könnte man wirklich irgendeinen Menschen *daran hindern*, aus freiestem Entschlusse durch kleine oder große Gaben an Leute, von denen er irgendwie abhängig ist (Lohndiener, Stubenmädchen, Köchin, Portier) den »Wagen zu schmieren«, daß er besser, rascher fahre! Trinkgelder richtig, zart, großzügig, edel anwenden, halte ich direkt für den Prüfstein der inneren wirklichen Kultur eines Menschen! Menschen, die mit Trinkgeldern knausern, hasse und verachte ich instinktiv, besonders wenn es »Damen« sind, denn das *sind* eben dann *keine* Damen! Sie wollen sogar von Dienstboten Alles umsonst haben, nur wegen ihrer Schönheit und Damenhaftigkeit! Mit geschickten Trinkgeldern den »Harun Al-Raschid« spielen im täglichen Leben, sei die Tendenz eines *echten* Adeligen. Dieses Prinzip sollte sich sogar bis auf arme Dichter erstrecken, aber es würde fast aussehen, als ob ich pro domo spräche. Sie können sich es also ungefähr vorstellen, was ich über *Hoteliers* und *Konditoreibesitzer* denke, die die gespendeten und in einer gemeinsamen Büchse reichlich eingesammelten Trinkgelder zur *Lohnauszahlung* verwenden. Ich würde das als ein *denkender Mensch* ganz anders bezeichnen als »es *verstößt* gegen die gute Sitte«! Ja, es *verstößt* – – mir die Rede, darüber zu reden! Man gibt nämlich Trinkgelder, meine Herrschaften, *auch* aus *Mitleid* mit dem dienenden Sklaven des Daseins. Was man spendet, soll eine *Extra*-Gabe sein, auf die niemand rechnet, eine stille »Anfeuerung« à la Peitsche und Sporen. *Pfui* über die reichen *Trinkgeld-Marder!*

KABARETT »FLEDERMAUS«

3. Februar 1909

Februar-Programm. Es ist ein herrliches, reichhaltiges Programm. Es ist ein so rührender Versuch darin, dem Publikum, das sich amüsieren will, alle nur möglichen Konzessionen zu machen und dennoch der »Würde der Angelegenheit« ein bißchen zu dienen. So entstand der »Kabarettgedanke«, so entstand jetzt sein zweiter lustigerer Teil: »Die zehn Gerechten«. So entstand die feine und zugleich groteske Parodie »Der Schatten des Lord Rahu«, in der Dr. Egon Friedell den Sherlock Holmes in eleganter unpointierender Manier darstellt. Es ist ein fast tragischer Kampf in der »Fledermaus« zwischen Künstlern und ihren Welten und dieser Welt »Publikum«. Die Himmelsstürmer sind die Besiegten, die Konzessionen machenden an allen Ecken und Enden sind die Besiegten – – – hier wird ein reservierter, fast idealer, weil möglicher Mittelweg eingeschlagen. In den »Zehn Gerechten« wird das Publikum der »Fledermaus« selbst in den eigenen Räumen dargestellt, während einer Kabarettvorstellung. Es wird also dem wirklichen Publikum ein Spiegelbild vorgehalten seines Benehmens, Fühlens und Denkens. Das ist ein liebenswürdig-gefährlicher Versuch. Von den Darstellern erwähne ich nur den tüchtigen »Mostrich«, der sich schon seit langem auch in der »Operettenparodie« als Kammerdiener ganz besonders durch diskrete und dennoch groteske Charakterisierung hervortut! Welcher Direktor wird ihn entdecken, bis ihn alle bereits entdeckt haben?! Es steckt verborgene Kraft in ihm, man könnte sich patzig machen mit seiner Entdeckung. Aber auch dazu hat niemand die Lust. Laube hatte sie noch und Dingelstedt. Aber seitdem findet man das bessere Geschäft darin, »protokollierte Firmen« zu überzahlen, anstatt billige zu »entdecken«! – Ich möchte nun einen Hymnus schreiben auf Mimi Marlow. Aber diese natürliche, einfache, liebenswürdigste Urkraft versteht man entweder mit freudigstem Herzen oder man versteht sie gar nicht. Sie ist die »Seele« der reizenden »Operettenparodie«, sie belebt und erwärmt, wirkt wie ein allerherzigstes Kindchen, ohne sich irgendwie darum zu bemühen! Ein jedes ihrer neuen Lieder ist erfüllt von ihrer lieblichen Naturkraft, sie belebt alles sieghaft, weil in ihr selbst natürliches Leben ist, das dann naturgemäß ausströmt, sich auslebt im Chanson. Miß Olga George hat »künstlerische Absichten«, aber es wird niemandem plausibel, selbst dem geneigtesten Schmock nicht! Sie hat es sich zu bequem gemacht, zu leicht vorgestellt. Im Publikum sind viel mehr »geniale Nicht-Tänzerinnen«! Beardsley war ein »genialer Irrsinniger«; einen Schritt weiter und er wäre ein Trottel geworden. Ihn rettete ein Irgendetwas. Aber die anderen sollten vorsichtig sein. Nur nicht an solchen gebrechlichen *»Genie-Trotteln«* sich hinaufranken wollen, wie Beardsley, E. T. A. Hoffmann, Novalis, Strindberg, Wedekind, Hamsun etc. etc. Sie wissen alles, alles, nur nicht, daß drei und fünf acht ergibt, diese *einfachen* Dinge begreifen sie nicht. Dazu sind sie zu *kompliziert*, zu *genial*. Infolgedessen sind sie natürlich *Trotteln des einfachen Lebens*. »Mundus *vult* decipi« ist eine der größten Gemeinheiten des menschlichen Denkens. Wie wenn man sagen würde: »Ein Kind *will* mit Zündhölzern spielen«! Selbst das Kabarett kann eine »Welt voll Aufklärung« sein, aber es muß Leute geben, die »aufgeklärt« werden sollen – – –!

P. A.

VARIÉTÉ-NUMMER 15, NACH 10 UHR ABENDS

Eine junge Amerikanerin, jung, schlank, tritt auf, in einem geschlossenen Kleide aus schwarzer plissierter Seide.

Wie Damen gekleidet sind zu einem Souper. Nicht anders. Anti-Variété.

Sie singt und bewegt sich wie Kinder in der Kinderstube.

So innerlich rücksichtslos gegen das Publikum. So ganz sie selbst einfach.

Ihre Art und Weise ist fürstlich. Fürstlich.

»Ich bin, die ich bin, nichts weiter!«

Der Durchschnittbesucher weiß damit nichts anzufangen. Er findet es fade.

Der Kavalier in der Loge getraut sich nicht, sie zum Souper einladen zu lassen.

Nur der Dichter im Parkett wagt es, für sie zu schwärmen. Da ist nichts Riskiertes dabei.

Der Direktor fühlt: Es ist kein Succès mit ihr. Das Publikum ist jedesfalls noch nicht reif. Vielleicht in 50 Jahren ... vorläufig wünscht man den Firlefanz.

GUSSY HOLL

[Apollotheater.] Februar-Programm. Wirklich wunderschön. Gussy Holl ist für mich die seltenste (man darf wohl noch sagen, nach Yvette Guilbert) Edel-Repräsentantin jener mir selbst ganz besonders am Herzen liegenden Kunst, aus einem Nichts ein Etwas, aus einem Etwas ein Alles machen zu können. Kleinkunst, die große Kunst ist! Sie zu schildern, dazu bin ich zu begeistert von ihr. Schildern, mit Worten sich auspo-

meiseln, können nur die Unbegeisterten. Die haben immer leider ihren Verstand beisammen (?!). Texte null, Lieder null, aber was bringt ein Aufreißen ihrer metall-schimmernden Augen, ein Verzerren ihres Mundes, eine plötzliche scharfe Steigerung ihrer hellen Stimme, eine Geste, eine Pause, ein Nichts?! Von ihr könnten alle lernen – – – daß das Beste nämlich unerlernbar und ein mysteriöses Gnadengeschenk ist, das die unenträtselbare Natur eben einer unter Tausenden verleiht! Bei dem Lied mit der österreichischen grauen Soldaten-Feldkappe habe ich geweint. Ohne Grund, nein, mit!

Als dieses Referat erschienen war, kam am nächsten Tage Gussy Holl in mein Zimmer, setzte sich aufs Sofa und begann zu weinen.

»Aha!« dachte ich mir, »eine gut eingelernte Szene, eine gute Regie!«

»Ich habe es mir seit gestern abend vorgenommen, zu Ihnen zu kommen, mich aufs Sofa zu setzen, und mich auszuweinen über alles, über *alles* in meinem Leben und auch noch extra über Ihre gütige edle Anerkennung!«

Da schämte ich mich denn vor mir selber!

Zumal sie dann sagte, nach einer Pause: »Außerdem habe ich mir erlaubt, Ihnen fünfhundert Ihrer Lieblingszigaretten, Hanum, Korkmundstück, mitzubringen.«

LUCI-FER, LICHT-BRINGER

Sie sassen direkt da wie Fliegen auf dem Zucker. Eine kleine, dichtgedrängte, schwarze Masse von Kammgarn-Röcken, und bemühten sich, an dem Zukkerstückchen, Baron B., herumzukrabbeln, sich daran festzusetzen, herumzusaugen und mit den zarten Fühlern ihres Geistes über seine Oberfläche hin und her zu tasten, um jene strategischen Punkte aufzufinden, wo der Feind mit Respekt zu sagen zu überrumpeln wäre.

Der Baron B. spielte »Jugendlicher Herausgeber« mit Routine und guter Haltung, Tenue, mit einer feinen Verbindung von Abhängigkeitsgefühl von dem Dichter-Kreise und im Verborgenen befindlichen, aber immerhin sprungbereiten Feldherren-Gefühlen. Dabei wogten Verachtungs-Wellen in dem Meere seiner Seele auf und nieder und strandeten hie und da auf seinem Antlitze mit einem Lächeln.

Von Dichter-Waare waren vorhanden, befanden sich auf Lager: Ein Stück österreichische Taschen-Ausgabe von Paul Verlaine, drei Stück österreichische Maupassants mit Stirnlocke, ein Stück Original-Genie ohne Vorbilder und zwei Stück »Sterne der unenthüllten Zukunft«. Dann Einer, welcher eine geheime Ansicht über Musik hatte, die er vorderhand unter Verschluss hielt. Endlich eine junge, rotblonde Dame, welche eine angenehme Verbindung vorstellte von Lassale und Madame de Staël.

Sie fühlte mit echt weiblichem Feingefühle: »Ihr seid Alle Trotteln – – –!«

Plötzlich stieg ein weisses Manuskript wie ein Revenant langsam und feierlich aus einem der Kammgarn-Röcke hervor und wandelte ernst und feierlich in den Kammgarn-Rock des Herausgebers Baron – – –

Alle waren starr. Wie das Gastmahl des Makbeth wurde es – – –!

»Kommt das in die Eröffnungsnummer des Lucifer?!« dachten sie. »Eilig hat er es.« »Wie heisst es?!« »Was für Tendenz?!« »Passt es in den Rahmen?!« »Wieviel zahlt man dafür?!« »Handelt es von Liebe?!« »Gewiss in Dialog-Form, pfui wie fad.« »Eine Causerie?!« »Oder Gedichte ohne Reime, ohne Versmaass, ohne Hauptworte und ohne Beistriche?!« Oder es wird doch nicht – – –?!

Der Herausgeber nahm das Gespenst heraus und blätterte darin herum.

Einer der drei Maupassants sagte: »Pardon, Herr Baron, sind Sie schon bei der Stelle, wo Mechthildis – – –

Nein, bei Mechthildis war er noch nicht. Er berechnete die Anzahl der Druckseiten des Gespenstes. »Drei Meter 50 – –«, dachte er, »ach so, dreieinhalb Seiten – – –«

»Ich glaube nämlich, daß dieser Charakter der Mechthildis – – –«, sagte der dritte Maupassant und neigte sich schief gegen den Baron, von Freundschaft beschwert, gleichsam niedergezogen. Er glaube nämlich, dass, gerade heutzutage, im Hinblicke, unter gewissen Umständen, von einem bestimmten Gesichtswinkel aus, vor Allem mit Rücksicht auf den Titel des Unternehmens, »Lucifer« , aber natürlich er wolle nicht vorgreifen, Niemand würde vorgreifen wollen, wer spreche überhaupt von vorgreifen?! Dieses Wort hatte er! Er trat darauf herum, walkte es hin und her, zog es dünn aus, knetete es wieder zusammen, behandelte es wie den Teig zu einem Apfelstrudel und sagte schliesslich, vorgreifen sei der Tod, einfach der Tod eines Unternehmens – – –!

Die beiden anderen Maupassants erklärten sich solidarisch, was den Tod betreffe.

Die junge Dame fühlte mit echt weiblichem Feingefühle: »Ihr seid geriebene Gauner!«

»Mechthildis«, sagte der dritte Maupassant, »ist nämlich zugleich ein Typus, man würde von nun an sagen: ›*Mechthildische Frauen.*‹«

Die »Sterne der unenthüllten Zukunft« waren bleich und dachten: »Was kann man Vorschuss nehmen auf Lucifer?!«

Der Musiker dachte: »Soll ich den Hunden in der Eröffnungs-Nummer einen Zipfel meiner Musik-Theorie zum Schnappen geben?!«

Paul Verlaine d'Autriche hingegen schrieb auf die Marmorplatte des Tisches ein Gedicht, eigentlich nur den Titel desselben, »Das Spital«. Dann schrieb er noch einen wunderschönen Titel hin, »Die Dirne«, und dann noch einen, »Absinth«. Alle fühlten, dass es über Ihn gekommen sei. Das Köhlermädchen aus »Talisman« hätte gesagt: »Es sind nur Titel.« Aber dann hätte sie zum Schlusse deklamirt: »Du bleibst ein Dichter auch mit Titeln nur!« Natürlich, der Dichter besteht in seinem Innenleben ganz einfach!

Das »Original-Genie ohne Vorbilder« unterbrach die Stille und sagte: »Wisst Ihr, wie ich einen Essay über Mitterwurzer schreiben würde?!«

Alle wussten es. Aber sie sagten: »Nun wie?!«

»Ich würde schreiben: ›Mitterwurzer ist der Schauspieler Europa's, basta.‹«

Alle stimmten überein, dass es echtester Altenberg sei, eigentlich schon zu echt – – –

Der Baron sagte: »Geben Sie mir den Essay für die Eröffnungsnummer, ich zahle die Zeile ausnahmsweise mit 50 Kreuzern.«

Alle lachten fürchterlich über diesen Witz des Herausgebers und betrachteten es als die Geschäftsspesen. Der dritte Maupassant zerplatzte ganz einfach und gab noch eine Verkutzung zu. Die Staël fühlte mit echt weiblichem Feingefühle: »Tas de Cretins – – –«

CAFÉ CAPUA

(Ein Gespräch mit einer süßen Amerikanerin)

Peter, warum heißt das Café von meine berühmte Mann, Arkitekt Loos, *Cäpüä?!?«*

»Das kann man nicht erklären!«

»Old idiot!«

»Als nämlich die römischen Legionen – – –«

»Peter don't be foolish, what's that, *Legionen?!«*

»Hööö – – – die Soldaten, die Offiziere – – –.«

»Ah, the officers – – –!« *Das* verstand sie.

»Als die römischen Offiziere in Cäpüä zu lange verweilten – – –.«

»Peter, idiot, what's that *›verweilten‹?!«*

»They were staying there too long time – – –.«

»Aha!«

»wurden sie unfähig – – –.«

»What's that *›unfähig‹?!«*

»They could not more – – –.«

»Aha!«

»They could not more go in the war, sie konnten nicht mehr in den Krieg ziehen!«

»What's for connex with the coffeehouse of my grand Dolf?!?«

»Wer dort *sitzt,* fühlt sich *so wohl,* daß er nicht mehr kann gehn *anderswohin!«*

»Ah, my Dolf is de greßte Arkitekt von de ganze Welt!«

»Zerspring!«

DER BRAND

Um zwei Uhr morgens kam die Nachricht in die American Bar, daß ein Palais nächst dem Stadtpark in Flammen stehe. Wir ließen unsre wunderbaren Mischungen sofort stehen, fuhren im Fiaker rasend hin.

Auf dem Dache des fünfstöckigen Palastes leuchteten die weißen Magnesiumfackeln der Feuerwehr, und goldgelbe und rote Funken fielen zur Erde. Unten im Finstern der Straßen leuchteten die Lampen der Feuerwehrautomobile wie getreue Wächterhundeaugen! So besorgt-gutmütig!

Der Stadtpark war schwarz und einsam. Auf einer Bank saßen Zwei, Hand in Hand. Sie betrachteten den Brand des Palais, hörten die Feuerwehrsignale: »Wasser! Wasser! Wasser!«, und sie waren und sie blieben versunken in ihrem eigenen unentrinnbaren Schicksal, Hand in Hand.

Das Palais brannte, und man erließ für die obern Parteien bereits die Nachricht, sie möchten delogieren und herabkommen – – –.

Der Stadtpark war einsam und im Dunkeln – –.

NÄCHTLICHE SZENE

Ich kam Nachts an einem Einspännerstandplatze vorüber. Das heißt, ich kam eben nicht vorüber, sondern blieb tief erregt stehen, denn ein junger Kutscher malträtirte soeben sein Pferd und gab ihm überdies den Namen »Raben-Vieh«.

Ein älterer Kutscher jedoch, der gemüthlich auf einer kleinen Bank saß, sagte zu mir: »Sö, geh'ns ruhig schlafen und sag'ns, es war nix – – –!«

Ich hatte nicht die Absicht, ruhig schlafen zu gehen und bei dieser Gelegenheit zu sagen, daß nichts wäre; ich war im Gegentheile sehr unruhig und hatte die Ansicht, daß gerade jetzt etwas war, nämlich die Malträtirung eines unschuldigen Pferdes.

Der gemüthliche Kutscher auf der kleinen Bank sagte nun nochmals eindringlich zu mir: »Sie, Herr, incommodiren Sie sich nicht, gehen's ruhig schlafen und sagen's, es war nix – – –!«

Ich incommodirte mich jedoch, blieb auf meinem Platze, starrte den unbarmherzigen Hund an.

Da sagte der gemüthliche Kutscher auf der kleinen Bank: »Sö, wann ein Roß Kehrt macht wegen nix und vom Standplatz abweicht, hm, erlauben Sie mir?!?«

Ich schwieg und starrte den Hund an, ohne überzeugt zu sein, daß das Pferd ein Verbrechen begangen habe.

»Sind Sie bald fertig?!?« sagte ich zu ihm.

Nein, er war noch nicht bald fertig, fragte das Pferd,

ob es genug habe oder ob es noch mehr wolle, und da dasselbe durch einen Bocksprung anzudeuten schien, daß es noch mehr wolle, gab er ihm das Gewünschte.

Da sagte der gemüthliche Kutscher auf der Bank: »Ja, Sie, glauben Sie, wir wissen nicht, wer Sie sind?!? Daß Sie sich da so aufpflanzen?!? Ein Journalist sind Sie, jawohl!«

»Nein – – –«, sagte ich, »das bin ich nicht. Ich bin ein ganz gewöhnlicher Mensch – – –.«

»No, dann geht Sie die Geschichte einen Dreck an – – –«, erwiderte der gemüthliche Kutscher, »dös sag' i Ihnen!«

Ich war vollkommen überzeugt, daß *er* es zu mir sage und kein Anderer.

»Wer is er – – –?!?« sagte nun der malträtirende Hund und näherte sich mir so gewiß schleifend. »Was is er?! Wer is er?!?«

»Laß'n geh'n, er is ja net amal von der Preß'!«

Da ging der Hund beruhigt und langsam zu seinem Pferde zurück, richtete ihm nun sorgsam mancherlei an den Riemen, streichelte es sanft und sagte ihm einige begütigende und entschuldigende Worte, gab ihm sogar den Namen »Schackerl«.

Ich ging nun zu dem jungen Kutscher hin und schenkte ihm ohneweiters eine Krone. Dann sagte ich: *»Pferde sind nervöse Thiere! Niemand kann wissen, was sie schreckt – –.«*

»Dös is!« sagte der Kutscher, »es sind nerviöse Thiere!«

Der gemüthliche Kutscher auf der Bank dachte:

»Begehrt auf mit Unsereinem und is net amal von der Press' – – –.«

Der junge Kutscher hingegen war herzlich froh, daß er es mit einem ganz gewöhnlichen Menschen von gemeinverständlicher Philosophie zu thun gehabt hatte – – –.

Eine entzückende junge Dame in einer hellblauen Sürah-Blouse, die einsam und verlassen in der dunklen Nacht dastand und den ganzen Vorgang in tiefer Ergriffenheit beobachtet hatte, sprach mir nun in herzlichen Worten ihre Bewunderung aus und beschloß, mir, dem Beschützer der Geknechteten, für einen Pappenstiel von 2 Gulden, das Geleite zu geben durch die dunkle Nacht – – –.

ABSINTH »SCHÖNHEIT«

Spät am grauen Morgen erwachte er. Eine wunderbare Kälte war in dem kleinen Gemache. Er glitt aus diesem warmen Kanale »Leinentuch, hellblaue Steppdecke, Plümeau«, sorgsam heraus, damit Kamilla keine kalte Luft erhalte und heizte das freundliche Regulir-Füll-Öfchen mit hartem Holze vermittelst Harz-Zündern. Früher schloss er natürlich das Fenster, diese »Lunge des Zimmers«, und hängte den dreifachen Kotzen vor aus weichem Kameelhaar.

Kamilla – – – jawohl, da lag sie für zehn Kronen.

Heiliger Athem der Nacht – – –! Ah, könnte man das von allen Frauen sagen!? Aber Dein Athem, Kamilla, kostet blos zehn Kronen und hat den Duft von Berg-Wiesen. Kein eigentlicher Geruch. Nur von Kraft und Frische ein Hauch!

Ein Stier frisst Blumen, verdaut sie, macht sie zu Mist. Und dieser Mist, den er aus Blumen machte, gab ihm sein Leben, seine Kraft. Und seine Dankbarkeit heißt: *Dirne!*

Das Holz im Öfchen wurde durch und durch leuchtend und knackste. Dann begann ein Feuermeer und die Flammen benahmen sich wie keuchende Hunde: h-ts, h-ts, h-ts, h-ts.

Das Öfchen versandte Wärme; wie der Geist eines Dichters! Alles wurde imprägnirt mit Wärme, sträubte sich und wurde dennoch imprägnirt. Sogar die weisse Kalkmauer öffnete ihre Poren und athmete ein und wurde milder.

Da entfernte er sanft das Plümeau, die Decke, und betrachtete dieses »Kunstwerk Gottes«, das Bewegung in die träge Welt pumpt wie eine mysteriöse Elektrisirmaschine, diesen »Ruhe-Mörder« Frauenleib!

Er sass da und begann alle diese schrecklichen Phantome zu fürchten und zu hassen, die Gespenster, die in unheimlicher Macht und unfassbar im Herzen eines Mannes aufsteigen – – die »Anderen«. Den Herren mit den begeisterten Briefen, den Lieutenant-Stellvertreter mit der jugendlichen Lust, den düsteren Chef, welcher die Macht hatte, den Marqueur, welcher für sie ein Sparkassen-Buch angelegt hatte, den Besitzer der mechanischen Schiessstätte, welcher ihr für »Löcher in's Weisse« Preise gab, und Alle und sich selbst! Denn sich selbst ist man Phantom, Gespenst, wie ein Anderer, der man sonst nicht ist, in Weibes Nähe!

Was hatten sie ihr geraubt, die Phantome?! Welche Spuren zurückgelassen?! Nichts, nichts. Jedes Härchen war an seinem Platze und die Haut in ihrer milden Blässe strahlte wie der Schnee Weisse aus in die Augen und machte diese glücklich und voll Licht-Kraft.

Da lag sie, die »Verwüstete«. Ha ha ha ha – – –

Armselige Vorurtheile geknechteter Menschheits-Seele! Wo waren denn, bitte, die Spuren des Samum, welcher über »blühende Gelände« strich?! Wie ein See, dessen Spiegel durch nichts getrübt würde, ein ewiger Schönheits-Strahler! Wirf störende Steine, senke scharfe Ruder, ziehe den eisernen Kiel durch – – – Besiegter! In Klarheit liegt er. Wie das Genie, dessen Herz Niemand verletzen könnte und welches Welten-Pulse pocht!

So ist der schöne Leib des Weibes. Welche Spuren zieht ein Ruhe-Störer?! In »heiliger Elastizität des Lebens« verwischt der schöne Leib die böse Spur und wie ein Paradieses-Garten strömt er Schönheit aus und Schönheit und Schönheit und bringt Dir Frieden. Aber die Seele, die verwüstete?! Ihre Seele *liegt in mir! Ich bin es selbst, nicht sie!* Ihr »Geist gewordener« schöner Leib bin ich. Und ihre »Form« ist meine »Gebilde gewordene« Seele. Wie wenn Gott-Canova meine Seele ausgemeisselt hätte zu lebendigem Sein, Materie, ist ihr Leib! *Ich bin ihr Wesen, sie ist meine Form.* Wir beide sind das Sein der Welt im »Paare« – – –

Er ging zum Öfchen, betrachtete das Holz. Fertig war es. Zusammengesunken, abgefallen, erschöpft, grau und dünn lag es, weil es zu sehr geflammt hatte und athmete schwer, erstarb nach erfüllter Mission. Im Zimmer aber befand sich seine Seele, die Wärme, und brachte Leben. Kamilla lag da, nackt, und athmete diese Holzes-Seele ein und stappelte neue Kräfte auf durch Wärme und Ruhe für den Lieutenant-Stellvertreter, diese Jugendlust, und den düsteren Chef und den Schiessbudenbesitzer und Alle, Alle.

Da dachte der Herr: *»Alles bist Du nun geworden, da Du nichts mehr bist als schön,* Dirne! Doch noch erstrahlst Du, ach, in heidnischer Wärme! Dich kalt machen! Dich in Eis legen, einsargen zwischen Kristall-Eisblöcken aus Fabriken! Dass Du kalt werdest! Und allen zuwider wie der Hauch des Winters. Dass nichts mehr von Dir ausstrahle, Du Unglücks-Ofen »Weib« und keine Lebenswärme sich verbreite! Erlöst wären wir, Dich in Kristall-Eis-Blöcken gebettet zu sehen statt in den lauen Linnen! Und fühlen, dass die Kälte Dir hineindringe, ganz, ganz hinein, überallhin, in die Heiligthümer Deiner Hitze-Quellen und Alles auslöschen würde, Dich und die Phantome und den düsteren Chef, den Lieutenant-Stellvertreter und den Schiessbudenbesitzer; und Alle würden vor Kälte hin werden, abfallen, grau, dünn werden, ohne Mission. Ha ha ha ha – – – ich aber bliebe am Leben! Ich! Denn Dein *Wesen* ist abhängig von Gluthen, aber Deine *Form* ist ewig wie das Eis im Polarmeere! Und ich bliebe bei Dir! Denn ich liebe nicht Dein Wesen, welches nur die Form meiner Materie, sondern *Deine Form, welche die Materie meines Wesens ist! Die Schönheit meiner Gedanken ist die Schönheit Deines Leibes! Die Pracht meiner Seele sind die Linien Deiner Glieder!* Und die Kristall-Eis-Blöcke der Fabriken, in welche Du gebettet wärest zu Tode, könnten nicht eine einzige Deiner Linien vernichten, welche allein meine Liebe in Brand erhalten! Und das Ewige würde sich mit dem Ewigen vermählen! Das Unzerstörbare mit dem Unzerstörbaren! Die Schönheit Deiner Seele: »Leib« mit der Schönheit meines Leibes: »Seele« – – – !

So aber herrscht nur das traurige Gesetz der Materie; hat sie vielleicht nicht Wärme genug für Alle, tausend Millionen Caloriferen?! Muss sie die latenten Kräfte nicht an den Weltenraum abgeben, wo kalte Leiber daran sich zu Gluthen lecken?!

Ha! kalt machen! Daß nur die Kaiserin »Schönheit« herrsche! Dass Du ewig werdest, Vergängliches! Und nur dem Einen, dem Gott-Menschen bliebest, der Dich »erkannt« hat, seiest Du warm gezeugt von einem Weibe oder kalt vom Marmor des Canova, gleichviel! Ewig wärest Du sein! »Mensch gewordene« Welten-Schönheit!!

– –

– –

Jene aber erwachte und war glühend.

Und sie sagte: »Du, komm' – – –.«

SO SOLLTE ES IMMER SEIN

Ein Herr trat auf mich zu im Café und sagte: »Ich bin ein fanatischer Verehrer von Ihnen.«

»Bitte sehr«, sagte ich. »Da werden Sie vielleicht gern einen edlen Champagner zahlen?!?«

»Mit allergrößter Freude.«

Wir tranken drei Flaschen G. und H. Mumm, extra dry, süß.

Es wurde sieben Uhr morgens. Ich ging ins Zentralbad, 27 Grad, Porzellanwanne. In der Kassa saß eine junge Dame mit edelzarten Händen. Ich sagte ihr mit meinen Augen: »Süßeste Kassierin –« Und: »Man sollte dich miterstehen dürfen – – –.«

Dann frühstückte ich in einer Charcüterie: kalten geräucherten Stör aus der Wolga, das Deka 12 Heller. Crevettes aus Ostende. Grüne große Oliven aus Spanien, zehn Stück 60 Heller. Prager Schinken, das Deka 6 Heller, 90 Heller. Zwei Bananen, goldgelb-schwarz gefleckt, aus Afrika, das Stück 30 Heller, 60 Heller.

Dann kaufte ich mir eine blaue phototypierte Ansichtskarte: »Weg, am See entlang.« In einer Winterlandschaft.

Ich dachte sie mir eingerahmt in einem fünf Zentimeter breiten Eschenholzrahmen.

Ich kam infolge dieser Träumereien um halb zehn Uhr morgens nach Hause. Da sagte das junge Hausmeistermädchen, die mich zum Aufzuge führte, zu mir: »Herr Altenberg haben gewiß wieder heute nacht umgeschmissen – – –.«

»Jawohl«, sagte ich, »die Weltordnung der Philister!«

Sie dachte: »Nun, er hat 40 Heller bezahlt für den Aufzug, obzwar es im Zins bereits schon miteingerechnet ist – – –.«

DAS HOTELZIMMER

Um 3 Uhr morgens begannen die Vögel leise zu piepsen, andeutungsweise. Meine Sorgen wuchsen und wuchsen. Es begann im Gehirn wie mit einem rollenden Steinchen, riß alle Hoffnungsfreudigkeiten mit, die Lebensleichtigkeiten, wurde zu zerstörender Lawine, begrub die Fähigkeit, dem Tage zu genügen und der unerbittlichen gebieterischen Stunde! Den Zufällen! Ein lauer Sturm brauste in den Baumwipfeln vor meinem Fenster. Ich hatte also wegen nichts und wieder nichts das Leben der süßen Frau J. belastet und gestört. Auch refüsierte mir einer meiner Gönner von nächstem Monat an die kleine Monatsrente. Er hatte irgend etwas über mich gehört und meine Ansichten. Sie waren ihm zu radikal und unsympathisch. Mein *ästhetisches Ideal*, Frau W., gehört seit langem denen, die sie bezahlen können. Ich, der den »mystischen Kultus der Schönheit« mit ihr trieb, war ihr stets zu unelegant angezogen, unverständlich und überhaupt verrückt. Wenn ich auf die Kniee niedersank, von ihrer adeligsten körperlichen Vollkommenheit tief, tief gerührt, sagte sie, ich sei pervers veranlagt, ich solle sie nicht blamieren! Mein Hotelzimmer erhellt sich, meine Seele verdunkelt sich. Es wird Morgen.

Das Singen der Vögel in den Baumkronen wird deutlicher, Ansätze zu Melodien sind vorhanden. Laue Stürme bringen Wiesengeruch. Es wäre die schicklichste Stunde, sich am Fensterkreuze aufzuhängen – – –.

EDITORISCHE NOTIZ

Vorlage für den Druck waren die Textfassungen aus denjenigen Auflagen der Originalausgaben, die in der Folge vom Autor nicht mehr verändert wurden und so als Ausgaben ›letzter Hand‹ gelten können. Offenkundige Satzfehler wurden verbessert. Die Orthographie und die oft eigenwillige Interpunktion wurden in allen Fällen belassen, um Altenbergs am Sprechrhythmus orientierten Duktus nicht zu verändern. Dass nun Texte nebeneinander stehen, die vor und nach der Rechtschreibreform von 1901 entstanden sind und verschiedenen Regeln folgen, wurde mit Blick auf die akute Lage der deutschen Orthographie in Kauf genommen; es hätten sonst z. B. »dass« in »daß« und »musste« in »mußte« umgesetzt werden müssen! Die charakteristischen Sperrungen des Originals wurden der Deutlichkeit halber als Kursivierungen wiedergegeben.

WERK- UND ABKÜRZUNGSVERZEICHNIS

WS	*Wie ich es sehe.* (EA 1896). Vierte Auflage Berlin 1904
	Ashantee. Berlin 1897
WT	*Was der Tag mir zuträgt.* (EA 1901). Dritte vermehrte und veränderte Auflage Berlin 1906
P	*Pròdrŏmŏs.* Berlin 1906
M	*Märchen des Lebens.* (EA 1908). Dritte vermehrte und veränderte Auflage Berlin 1911
B	*Bilderbögen des kleinen Lebens.* Berlin 1909
NA	*Neues Altes.* Berlin 1911
S	*Semmering 1912.* (EA 1913). Dritte veränderte und vermehrte Auflage Berlin 1913
F	*Fechsung.* Berlin 1915
NF	*Nachfechsung.* Berlin 1916
V	*Vita ipsa.* Berlin 1918
L	*Mein Lebensabend.* Berlin 1919
AB	*Das Altenbergbuch.* Hrsg. von Egon Friedell. (EA 1921). Wien/Leipzig 1922

QUELLENVERZEICHNIS

Über das »Drahn«: F 248 f.
Künstlerfest: M 133 f.
Erlebnis: M 100 f.
Reporter und Dichter: WS 248–251
Nach dem Balle: B 64 f.
Theater-Abend: WT 34–36
Moulin Rouge, »Venedig in Wien«: F 34–36
Peter Altenberg, der Begründer der »Nachtlichter« ...: B 164 f.
Ronacher, Variétébesprechung: B 126–128
Der Trommler Belin: WS 76–79
Apollotheater: F 93–95
Seelöwen: B 109
Episode: NA 169
Berühmtheit: B 97
Tabarin: F 83 f.
Vergnügungslokal: F 34
Die Reifenkünstler: M 195 f.
Bei Buffalo Bill: M 28
Stammtisch: F 60
Meine Korrespondenz: M 38–39
Amerikanische Keulenwerfer: B 74
Rheingold: M 87–89
Kabarett Fledermaus. 4. Februar 1908: AB 303–306
Gespräch: NF 246 f.
Myosa: NA 119 f.
Erlebnis: M 123

Yvette Guilbert: NA 193 f.
Heldin: P 160 f.
Der »Koberer« (Kuppler): F 156 f.
Britische Tänzerinnen: NA 152–154
Gartentheater in der »Kunstschau«: B 123–125
Tanz: NA 209
Die Auffassung: F 69
La Zarina: WT 216–218
Brief an Mitzi von der »Lamingson-Truppe«, Dänin: NA 57 f.
Brief einer englischen Tänzerin aus Rom an Peter: B 191
Ein Geschäft: P 157 f.
Kabarett Fledermaus. 6. März 1908: AB 306–309
Journalistik: NF 208
Fluch der Schönheit: B 198
Aus der »Briefsammlung P. A.«: NF 173 f.
Cleo de Mérode: M 85 f.
Artistische Rundschau, Wien: NA 157 f.
Tope: NA 86
Das Kino: S 51
Meine Films: L 48
Restaurant Prodromos: NA 115 f.
Trinkgelder: V 83 f.
Kabarett Fledermaus. 3. Februar 1909: AB 309–312
Varieté-Nummer 15, nach 10 Uhr abends: P 130
Gussy Holl: NF 20 f.
Luci-fer, Licht-Bringer: WT 319–322
Café Capua: F 61 f.
Der Brand: NA 117

Nächtliche Szene: WS 259–261
Absinth »Schönheit«: WS 241–245
So sollte es immer sein: NA, 83 f.
Das Hotelzimmer: M 51

NACHWORT

Es gehört in die Reihe der vielen Wiener Spezialitäten, daß der größte Dichter, den Österreich seit Walther von der Vogelweide hervorgebracht hat, von seiner Vaterstadt öffentlich zu nichts anderem verwendet worden ist als zu Varietékritiken. Peter Altenberg schrieb jahrelang für ein monatliches Fixum von hundert Kronen in die ›Wiener Allgemeine Zeitung‹ regelmäßige Referate über das ›Etablissement Apollo‹, die ›Ronacherbühne‹ und andere derartige Wiener Unternehmungen. Zum Theaterkritiker ist er niemals avanciert.«

Der sich hier beklagt, hat selbst gut reden. Denn das Wiener Multitalent Egon Friedell schaffte bekanntlich den Spagat und schrieb neben Texten und Szenen fürs Kabarett eine mehrbändige »Kulturgeschichte der Neuzeit«. Solch langen Atem hatte Peter Altenberg wahrlich nicht. Und ob seine Beförderung zum Theaterkritiker wirklich ein Avancement gewesen wäre, steht zu bezweifeln. Denn Altenberg schrieb nicht nur seine Texte in der »kleinen Form«, sein besonderes Interesse galt auch den kleinen Dingen, den kleinen Begebenheiten und folgerichtig: der kleinen Kunst.

Also hätte Altenberg im Burgtheater vielleicht seine Zeit vertan. Denn zur Lebendigkeit der Kaiserstadt Wien gehörten auch die neu gegründeten Kabaretts, Varietés und Kleinkunsttheater. Gegründet als eine exquisite Besonderheit für die verwöhnte Oberschicht, etablierten sie um 1900 eine Art von Unterhaltung, die heute längst zum Standard der Massenmedien geworden ist. Damals freilich war das Aufeinandertreffen von satirisch-kokettem Chanson, Seehunddressur, Ausdruckstanz und Parterreakrobatik unerhört neu, ja sensationell. Die »Show« fing an! Die Vergnügungsetablissements öffneten dazu die bislang streng gehüteten Grenzen von Kunst, Zirkus und Klamauk; es begann die heute weitgehend vollzogene Vereinigung aller großen und kleinen Künste unter dem Rubrum Entertainment. Wobei nicht vergessen werden darf, daß sich an den Geschäfts-Orten solch früher Pop-Kultur unter anderem die Revolution des modernen Tanzes und die Etablierung des literarischen Kabaretts vollzogen!

Welch ein Eldorado also für Wiens literarischen Momentfotografen Peter Altenberg. Seit den neunziger Jahren wohnte er in wechselnden Hotelzimmern, und es ist nicht bloß eine Wiener Stadtlegende, daß er übertags im Kaffeehaus und nachts in Lokalen lebte, arbeitete, dozierte und schwärmte. Tatsächlich hatte sich der Kaufmannssohn Georg Engländer in die öffentliche Kunst-Figur Peter Altenberg verwandelt, in das Label »P. A.«, mit dem er seine Kommentare zum erlebten und seine Entwürfe eines kommenden Lebens signierte. Als diese Kunst-Figur aber war Altenberg der ideale Rezipient der zeitgenössischen Wiener Kleinkunst. Denn er näherte sich den Darbietungen nicht mit der spitzen Feder der Fachkritik, sondern entweder mit der Gleichgültigkeit des verwöhnten Konsumenten oder – mit der schwärmerischen Begeisterung des hingerissenen Fans!

Diese Begeisterung galt natürlich vor allem den Frauen auf der Bühne: der unvergessenen Chansonette Yvette Guilbert, den Schule machenden Ausdruckstänzerinnen Elsa und Bertha Wiesenthal, aber auch Zeitgrößen wie Marya Delvard und Cleo de Mérode und – bezeichnend für Altenberg – den namenlosen Mädchen aus dritt- und viertklassigen Nummern, eben der »Mitzi aus der ›Lamingson-Truppe‹, Dänin«. Altenberg ist gewissermaßen schon ein ›aufgeklärter‹ Fan. Er kann sich ganz der Verehrung für den schönen Körper im Scheinwerferlicht hingeben, doch schon im nächsten Satz trifft sein Blick den Menschen, der im Geschäft, im Showbusineß unterzugehen droht.

Und Altenberg schaut nicht nur nach vorn auf die Bühne. Er sieht sich auch um. Lange vor Pop-Gurus wie Andy Warhol weiß er, daß der Schein ins Parkett getragen wird und das Publikum zu einem Teil der Veranstaltung wird. Die künstliche Welt der Nachtlokale mit ihren Glücksangeboten ist der sehr reale Lebensraum nicht nur der »Koberer« und »süßen Mäderls«, sondern auch all der anderen, denen die traditionell abgeschlossenen Lebensräume von Schicht und Klasse abhanden gekommen sind. Um den Tisch im Nachtlokal sitzen die Adligen ohne Hof, die neureichen Magnaten und Spendierer, die Künstler und Literaten. Nachts formiert sich hier für Stunden und zu Zwecken des Genusses eine neue Gesellschaft, bis der Erste Weltkrieg die alte zerschlagen und nichts als Unsicherheit zurücklassen wird.

Die vorliegende Auswahl versammelt aus allen Büchern Altenbergs nächtliche Szenen und Berichte aus dem Nachtleben. Geordnet sind sie zur Bummelei vom großen Ball durch verschiedene Lokale bis hin zum Morgen danach im Hotelzimmer. Dabei durchmischen sich Reportagen und Kritiken mit kurzen Erzählungen und alltagskritischen Feuilletons in derselben leicht chaotischen Art, die für die Originalbände charakteristisch war.

Burkhard Spinnen

PETER ALTENBERG
SOMMERABEND IN GMUNDEN

Szenen und Skizzen zwischen
Semmering und Salzkammergut
Herausgegeben von Burkhard Spinnen
124 Seiten. Gebunden
ISBN 3-89561-559-5

»Was für ein außergewöhnliches Buch … was für ein außergewöhnlich schönes Buch«
Israel Nachrichten

»Altenbergs Kurz- und Kürzesttexte geben Impressionen von diesen Aufenthalten zwischen Semmering und Salzkammergut wieder … Literarische Desserts für Feinschmecker.«
Frankfurter Rundschau

Schöffling & Co.

PETER ALTENBERG
WIENER GESCHICHTEN

Herausgegeben von Burkhard Spinnen
128 Seiten. Gebunden
ISBN 3-89561-542-0

»... das schmucke Bändchen eignet sich vortrefflich als Einstiegsdroge in die Sucht, (wieder) Altenberg zu lesen.«
Frankfurter Allgemeine Zeitung

»Stubenmädchen und Kellner, ein Fräulein Mitzi und eine liebe Paula, die blasse Blumenverkäuferin und die Hetären der Damenkapelle – sie alle gehören zum Personal von Peter Altenbergs Prosatexten. Der Schriftsteller Burkhard Spinnen hat für den Sammelband Wiener Geschichten die schönsten zusammengetragen und sie geordnet zu einem ›idealen Tagesablauf in und um Wien‹.«
Sächsische Zeitung

Schöffling & Co.

2,50